抵達安康

在身邊的越南移民故事，
企業千金、計程車司機、市場
與美甲店的阿姨……

高雅寧、王光輝、
江婉琦等——著

第一部 戰爭來了、越共來了 1970年代

CHAPTER 02 ★ 劉家的小城故事：從西貢到木柵——陳亮妤、曾祥宇

CHAPTER 03 ★ 說越南話的米線店老闆：跨越世紀的遷移——徐俊文

第三部 結婚了，然後呢：姊姊妹妹們的臺灣生意

CHAPTER 08 ★ 秀君、春莊、秋梅的美甲店：指尖的自由——江婉琦、周兆鴻

第四部 月亮不一樣：文化與身分衝突中成長的小月亮

CHAPTER 09 ★ 素素、翠翠老師的故事：分發鑰匙的人——詹佳惠、宮相芳、彭翠瑛

推薦序

在理解與共融中記述——
政大USR與社區邁向共榮共好的最佳見證！

李蔡彥／國立政治大學校長

收到《抵達安康》（原名《在身邊的越南史》）書稿，希望我爲此書寫序。故事的主人翁主要是在上個世紀末透過「仁德專案」（一九七八—一九九一）來到臺灣，後來落腳木柵安康社區一帶的越南移民，而作者則是千禧年前後出生的一群政治大學的學生。來自不同時空、背景與文化的兩群人，如同兩條平行線的生命歷程，在因緣際會下交會，留下珍貴的歷史紀錄，撼動人心的不只是書中的故事，成書背後的因緣，同樣令人動容。

如同原書名《在身邊的越南史》所揭示的，這是一段近在我們身邊的越南史，書中人物切切實實存在於我們生活周遭，但他們隱身在不容易被注意到的角落，若無人特別投身探訪與挖掘，這些故事很可能無聲地被淹沒在時代的洪流中。看見一群政大的年輕學子，走出他們的舒適圈，進入了不被主流社會所關注的一群人之生活中，與故事的主角一起穿過時光隧道，重新探索潛藏的生命故事。身爲政大的校長，深深以這群學生爲傲；更重要的是，誠摯感謝故事的主角，開啟相互理解與信任之門，願意與我們的學生一同回望上個世紀顛沛流離的歲月，引領他們看見人生的多重樣貌，共同記錄下這段歷經逃難、離散、遷移，最後在臺灣這塊土地上努力安居、尋求認同的生命歷程。

這樣的信任與合作並非偶然，而是在地居民與政大一同實踐大學的社會責任的成果。政大身爲臺灣首屈一指的大學，一直以來專心致力於教學與研究以培育頂尖人才，並時時亟思回饋社會、善盡大學的社會責任。二〇一八年起，政大響應教育部推動的「大學社會責任（University Social Responsibility, USR）實踐計畫」，大規模啟動政大USR計畫——「『興隆安康．共好文山』大學與社區共善計畫」，召集政大師生進行社會實踐。

政大所在的大文山地區向來被譽爲文教區，但在同一行政區也坐落著臺北市規模最大的平價住宅社區——安康社區，住戶以各種社經、文化條件不利的弱勢族群居多。因此政大USR計畫團隊，選擇以安康社區作爲社會實踐的主要場域，由本校經濟系副教授王信實擔任執行長，號召政大跨領域、跨學科的師生，秉持著「興隆安康．共好文山」的精神，與場域內外的居民以及大文山地區的NGO和NPO組織合作。

政大USR「興隆安康‧共好文山」計畫依循四大主軸推行：兒少及家庭服務、新住民關懷、法律扶助計畫以及經濟弱勢支持。透過課程開啟學生對於在地歷史、文化的認識，促進學生了解在地問題，並培養解決相關問題的能力。更重要的是，USR計畫帶領師生走進社區，透過實際的參與，與社區居民一同發掘問題、解決問題。《抵達安康》一書，即是委由本校民族學系副教授高雅寧負責的「新住民關懷」方案所帶領的學生，帶著課堂所學的人類學觀點、口述歷史原則，以及在寫作工作坊習得的採訪寫作技巧，透過長時間與文山區越南移民互動，建立彼此的信任關係，採擷記錄的生命史。

政大師生與社區居民攜手共好，除促進相互認識及同理彼此之外，深感培力與增能亦刻不容緩。因此，政大USR計畫開辦社區華語班爲新住民增能，並引介他們在各項活動中，擔任新住民文化交流大使。此外，結合政大的外籍生以及華語教學學程、東南亞語學程等多個系所的學生，針對新住民小朋友的學習與生活問題，推動銜轉生輔導。各項方案開辦迄今，已成爲大文山地區的新住民及銜轉生融入臺灣社會的重要助力。

政大的社會實踐目標，是帶動大文山地區朝著與全球SDGs永續發展一同脈動的方向推進。根據過去深厚的教研經驗，我們深知唯有先認識在地——與在地共融、共生，才能培力在地——與在地共榮、共好，進而改善在地、超越在地，最後才能接軌國際。

在政大USR計畫完成第一個五年的階段性任務之際，《抵達安康》成爲政大與場域內居民一起見證歷史，共融、共好的最佳注腳，同時也是政大刻正跨領域開展的「文山學」所完成的第一塊重要拼圖。

帶著《抵達安康》付梓的鼓舞，以及政大USR計畫五年來與在地居民和合作夥伴共同奠下的「興隆安康」基礎，下個階段我們將打造「在地永續・文山共好社區支持系統」，讓社區裡的各個族群都能自利利他、互助共好，進而改善在地、超越在地，朝向接軌國際邁進。

推薦序　在縫隙中發光的阿姨

張正／燦爛時光東南亞主題書店　創辦人

半個世紀之前，越南與臺灣曾經有一段親密時光。那時，戰事方酣，臺灣的中華民國與越南的南方政府，同為美國老大哥所支援的反共前哨，雙方政經交流頻繁。

不過到了一九七五年美軍撤離西貢、越南共產政權「統一」全境之後，越南與臺灣就分處鐵幕兩端了，幾乎斷絕了所有實質往來。越南之於臺灣，只剩警惕作用。最著名的，就是「今日不為民主鬥士，明日將為海上難民」的虛構政治宣傳《南海血書》，以及澎湖越南難民營的真實報導《南海血淚》，而一艘一艘殘破的難民船、一架一架接運越南華僑來臺的「仁德專案」飛機，在在證實了兩地千山萬水的阻隔。

直到一九八六年越南改革開放（Đổi mới），臺商率先挺進越南，順便搭起婚姻仲介的橋梁，而後臺灣正式開放越南勞工來臺，越南才重新與臺灣密不可分。

臺灣的越南書寫

不過除了教科書和學術論文之外，一開始，臺灣出版界的越南相關書籍並不多。最有科普價值的越南讀物，要等到二〇〇九年出版的《南向跫音：你一定要認識的越南》，作者洪德青細緻整理了越南近現代史上著名的人物與事件，讓越南顯得活潑立體。同樣在二〇〇九年，張友漁寫出以新移民二代爲主角的小說《西貢小子》，既然是「西貢」小子，小子的母親當然來自越南，也呼應了越南婚姻移民及其下一代在臺灣的處境。二〇一四年，媒體出身的廖雲章以記者兼人類學的筆法，描繪她在越南的短期求學時遇見的人物，集結爲呈現當代越南社會脈動的《流浪西貢一百天》。二〇一七年，作家張郅忻將其家中長輩的越南經歷寫成小說《織》，回顧了臺灣和越南紡織業的一段歷史切片。

而後隨著政府的新南向大旗，臺灣各出版社也紛紛引進歐美日的越南大部頭著作，例如《半島之龍》、《越南：世界史的失語者》、《越南啟示錄》等等，這些可以當磚頭的大部頭書籍，當然是以大尺度探討越南歷史。

在越南的書寫中，有一道不容忽視的支流：驚動全世界的越南難民。不過在臺灣出版界，相關書籍仍屈指可數。例如越裔美籍作家阮越清，他以描述在美國的越南難民小說《同情者》而聲名大噪，作品才得以翻譯成中文；加拿大華人黃雋慧以香港的越南難民爲主題，寫了一本《不漏洞拉》；臺灣記者黃文鈴出版的《誰是外來者》，則是以德國的越南難民爲主、約略提到臺灣的越南難民。

專注於臺灣本地越南難民的人，目前所知只有紀錄片導演劉吉雄。劉吉雄與其胞弟劉建偉二〇二三年完成了澎湖越南難民營紀錄片《彼岸他方》，未來也準備將所有搭船來到臺灣的越南難民歷史，集結成書。

至於搭飛機來臺灣的「仁德專案」越南難民呢？這本《抵達安康》，可能是目前最全面的書寫。「仁德專案」的越南難民集中在木柵安康社區，作者群以此地爲地理核心，深度訪談在周圍開店的越南華僑。我一邊閱讀，腦中一邊浮現作者們訪問店家的畫面。這樣的畫面，我熟。

田野的倫理與侷限

我在一九八九年考上位於臺北木柵的政大。四年之間，完全沒察覺每天騎車經過的木柵安康社區、安康市場，是越南華僑的聚居地。不過算算時序，在一九七五年之後透過「仁德專案」一批批抵達木柵安康社區的越南華僑，那時可能仍在四處打零工累積開店資本，所以街上還沒出現越南文招牌，該處尚未形成明顯的越南族群聚落。

直到多年後籌辦越文《四方報》，我才在越南主編阮舒婷的指點之下，「發現」越南商店聚集、但即將停業的安康市場；也才知道，當年我從政大跨越道南橋去吃的廣式、港式燒臘，其實是越南的廣東華人所開設（他們刻意隱藏身分嗎？）。而《四方報》的越南名稱「Bảo Bốn Phương」，也是在某間燒臘店的越南華人老闆指導下，所取的名字。

二〇〇六年九月，《四方報》正式創刊，而創刊號的頭版頭條，就是安康市場結束營業。不過即使安康市場打烊，但是因爲越南勞工、婚姻移民人數已衆，非常需要這些帶有家鄉味道的店家，所以店家紛紛轉進鄰近區域，重新開張。

當年辦《四方報》時，我只要在路邊看到東南亞小吃店、雜貨店，體內就莫名湧起腎上腺素，厚著臉皮勇敢登門，用破破的越南語開場招呼，然後從包包裡掏出令他們訝異的越南文《四方報》，在窄小擁擠甚至燠熱的店內與異鄉老闆尬聊。我拍照記錄，對方說故事。

當然，這些故事都是單方面的說法，虛虛實實。不過無妨，存在於某個人記憶中的眞實，也就算是某種眞實。反正我不是警察辦案，沒有追究核實的責任。就如同《抵達安康》書中的主角們，隨著歲月流逝，他們可能已經將過去的流離與傷疤轉化成勳章，未必能公平、完整地講述整段歷史，但至少是第一手的資料，是無可取代的個人生命史，也是當今臺灣不可分割的一部分。他們存在於像安康社區這樣的城市縫隙，努力營生，照亮家人。

我很喜歡作者之一的羅漪文這麼寫「阿姨」：

……也許阿姨就這樣一輩子留在木柵吧。她喜歡吃金邊河粉，也喜歡吃越南春捲，而這兩樣食物，木柵都有了，還外加溪流蜿蜒、青山疊黛，遠方山腰上，矗立著一根畫著卡通長頸鹿圖樣的彩繪大煙囪。

導言　從自由到安康——那些社會、歷史課本沒有說的故事

高雅寧／國立政治大學民族學系副教授

一九八〇年代國立編譯館的小學社會課本第八冊〈怒海求生〉課文敘述著生活在越南的人如何坐船逃出越共統治的國家：

原居西貢的呂家於民國六十四年（一九七五）越南淪陷後，坐船在南海漂流，一家七口最後僅存活四人，被安置於澎湖難民營。阮家一家十一口，因越南戰爭、糧食不足與政治批鬥而死，最後僅剩阮天仇與兒子兩人搭船在南海中漂流，好不容易登上了一座珊瑚礁，活人透過吃死人維生，天仇苦撐了四十多天後，不幸身亡。

這故事原型原來於一九七八年十二月刊載於《中央日報》副刊，後來以單行本《南海血書》（一九七九）發行，之後改編成電影《南海血書》，製作連續劇，還改寫成課

文（一九八二）。

一九八〇年代上小學的讀者，也許記得這篇課文，如果沒有印象，或許依稀記得轟動一時「反共義士」駕機來臺的新聞。冷戰時期，站在民主陣營的中華民國政府，透過各種宣傳方式，訴說著共產主義陣營的不是。

爲了逃離共產黨統治選擇海上漂流的故事我們並不陌生，但還有一批人是搭飛機來臺的移動者。阮天仇用鮮血寫下對越南共產黨政府的控訴，後來被檢視不符合事實或是政治操作，但當我們開始在臺灣接觸到有越南生活經驗的華人時，他們總能訴說著自己或親朋好友親身所經歷的海上漂流故事。只是二十一世紀定居或暫居在臺灣具有越南生活經驗的移動者，海漂來臺的僅是少數。他們有些是爲了避開越南戰爭而早一步來臺，有的是南北越統一後透過「仁德專案」（一九七八—一九九一）來臺，有的是在越南革新開放（一九八六）後透過婚姻或依親來臺，有些是來臺深造。他們都是搭飛機來臺的移動者。

仁德專案

在開始閱讀這本書中收錄的越南移民故事前，先讓我們簡單介紹仁德專案的由來。

仁德專案除了有其特殊的歷史背景，也牽起了後來越南移民在臺灣的發展線。對了解臺灣越南移民遷移歷史來說，是個不可不知的環節。本書第一章劉鳳玲女士的弟弟、第二章的劉有有與母親、第三章的梁爺爺與其未婚子女、第五章的威哥父母與其未成年的兄弟姊妹、第六章的作者羅漪文一家人等，都是透過此專案來臺。

由來

「仁德專案」是中華民國政府於越南南北統一後，接回在臺有親人之難僑的跨部會小組之專案計畫，從一九七六年開始至一九九一年結束。

根據李文輝先生二〇一九年於《僑協雜誌》刊登的一篇題名爲〈飲水思源記：「仁德專案」〉所述，仁德專案的推動與曾任自由太平洋書院校長的溫天錫先生與天主教輔仁大學校長于斌樞機主教有密切的關係。越南淪陷後，溫校長家人滯留在越南堤岸，當時隻身在臺的溫校長擔心家人安危，就前往輔仁大學請于樞機主教指點迷津。樞機主教建議透過國際紅十字會協助，請溫校長聯繫在越家人，由他們請求堤岸聖方濟各天主堂神父協助，向國際紅十字會駐西貢機構之法籍代表陳情，懇請其協助在越確實需要申請來臺之家屬。

第一批登記來臺的在越難僑有一百三十幾個家庭，共七百五十二人。這批資料寄回臺北市仁愛路的國際紅十字會，商請時任海工會二組的陳英東撰寫報告書，再由于樞機主教親自轉呈給行政院蔣經國院長，懇請政府擬出可行方案。蔣院長派行政院政務委員周書楷親至樞機主教寓所攜回資料，並召集有關單位開會研議方案，最後成立了一個跨部會專案小組，這就是「仁德專案」的由來。

僑胞如何來臺

申請透過「仁德專案」來臺的難僑是以飛機梯次計算，總計共有四十二梯次、六千三百四十五人藉由此專案來臺，其中有三千多人仍在臺，其餘透過專案來臺者，則分別前往第三國就業與創業。

當時中華民國政府透過國際紅十字會與越共政府接洽，確認獲得批准來臺的人數可湊滿一架飛機後，再分批接運來臺。欲來臺的華僑會先搭乘法航班機，從西貢新山機場飛往泰國曼谷機場，再搭乘華航飛機從曼谷抵達臺灣。

抵達臺灣之後

難僑抵臺後先送至臺北市舟山路僑光堂，接受政府代表迎接並辦妥各種手續，之後才由在臺親屬接回安置，沒有居所的難僑則安置於安康社區或者其他國宅。其後，政府單位——特別是僑務委員會與大陸災胞救濟總會（現爲：中華救助總會）——會安排各種輔導，讓學生得以就學，青壯年得以就業，老年得以就養。

有多少華僑透過專案來臺？

《聯合報》與《中國時報》對仁德專案來臺之越南難僑均進行報導。《聯合報》一九八一年十二月十二日第三版報導：僑委會透過國際紅十字會接回了「仁德專案」第三十批的難僑，共一百三十四位，過去來臺的二十九批已經累計四千四百餘人。根據《中國時報》一九九一年八月十五日第四版報導（如下頁圖），第四十二批越南難僑共一百九十一人，累計六千三百四十五人。換言之，若從一九七六年開始計算，每年固定都有一到兩批難僑抵臺，每一批來臺的難僑則約有一百五十人。

在上述中華民國政府專案安排之下，臺北木柵一帶聚居了一群有越南生活經驗的移

僑委會接回越南難僑一九一人

【台北訊】僑委會副委員長明鎮華昨日在僑光堂對接運來台的一九一名越南難僑表示，政府將本著同胞愛，給予他們就業、居住方面適時的協助，使歸國越僑除能與親友團聚外，也能共享祖國政治、經濟各方面建設成果。

由僑委會等有關單位組成的「仁德專案」小組，昨日凌晨順利接運一九一名越南難僑回國，並先安置在僑光堂，再由其在台親友一一接回。

「仁德專案」小組自越南淪陷後，曾先後接運出四十二批難僑，共六三四五人，其中除三千餘人仍留在國內，其餘分別前往第三國就學、創業。

由僑委會接運來台的一九一位陷越難僑昨天凌晨抵達台北，在僑光堂用過在台第一頓早餐後，僑民們見到等候在外的在台親友時，都顯得興奮不已(上)，有些僑民尚未辦完手續，便迫不及待地在僑光堂大廳，與在台親友隔著玻璃門來瞧(下)。（林道銘攝）

《中國時報》一九九一年八月十五日第四版，「仁德專案」報導。

動者。年過七十長輩們的逃難過程不僅僅是發生在一九七五年之後，更多發生在中國的國共內戰之時，他們與家人先逃到北越，一九五四到一九五六年間再移居到南越，到了南越之後，有些華僑住進了城市邊緣的難民村，例如：堤岸的自由村、自由新村、居仁村等等，有些則往鄉下尋求發展。

一九七二年拍板定案陸續興建完成位在臺北盆地邊緣的「安康社區」，也在這樣的背景下陸續迎接了從越南分梯來臺的難僑。「仁德專案」規定，夫妻僅能帶未婚子女離越，來臺後可以申請入住安康社區。通常等到子女結婚，或家庭經濟改善後，越南華僑家庭便會陸續移出該社區，不過因爲在木柵一帶讀書工作，已建立綿密的社群網絡關係，許多人雖搬出社區卻選擇不搬離木柵，於是木柵漸漸形成了越南移民者的聚居地。

木柵一帶有著越南生活經驗的移動者，有些曾住過南越難民村，有些透過親友介紹回到越南華人社群找對象，就這樣，臺北邊緣木柵地區與西貢近郊華人社區建立起強烈連結，然而這段歷史不曾出現在臺灣的社會課本或歷史課本裡。

本書故事的主角便是這群具有越南生活經驗的移動者。

他們爲何與如何來到臺灣，又怎麼構成我們身邊不爲人知的越南歷史？藉由此書，讓我們一起認識這段鮮爲人知但卻又跟大歷史緊扣著的生命故事。

越南・自由村

二〇二〇年二月一日，幾名臺灣人探訪了「自由村」，這個位在越南胡志明市六郡新和東（Tân Hòa Đông）路一八三巷的「歷史」建築群。

自由村，是一九五四年中華民國政府出錢，興建給從北越移居來南越難僑居住之幾個社區的統稱。二〇一八年春季，我有幸認識本書第一章的主角，居住在臺北木柵安康社區的居民越南華僑劉鳳玲女士，得知她曾居住過自由新村，且木柵一帶從自由村移居來的居民爲數不少，趁著這次拜訪越南，便計畫到這個具有時代意義的社區走走，理解這個南越共和國（一九五五—一九七五）時期興建，目前爲社會主義國家（一九七五—）管理的社區樣貌與居民現況。

Grab司機在一個再尋常不過的越南街口把我們放了下來。因新冠病毒的關係，我們戴著醫療用口罩，魚貫地從車上鑽出來，在南國豔陽下，顯得格格不入，也難以呼吸。下車後，我東張西望，想探得一點「自由村」的樣貌或氣息，但自由村的入口跟一般越南街頭沒兩樣，就是川流不息的摩托車，街邊有幾個大鍋，一旁有擺放了幾張桌子的攤販。顧客自顧自的在路邊享用湯麵或碎米飯，配上一杯有濃濃煉乳、滿滿碎冰的咖啡，

新和東路一八三巷的路標。（謝子充／攝， 2020.02.01）

或是充滿冰塊淡褐色的冰茶。唯一有一點華人氣息的，是路邊用漢字寫著「火德娘娘」的小廟，與其後面一棟以中文寫著「越南華人基督教教會新和東教堂」字樣的樓房。

我們循著一八三巷往裡走，兩旁新舊建築交錯，有低矮的鐵皮建築，也有拔地而起的水泥樓房，巷口小販與車輛的喧囂，轉爲居民區的寧靜，但也不乏有居民在門口擺桌吃飯喝飲料。巷底是「團結學校」，過去叫「自由學校」。校門外的小賣店，從文具、髮飾到零食應有盡有，不時有小朋友上門光顧。沿著學校圍牆兩旁小巷穿梭，都是民居。小巷狹窄處僅容一人行走，寬敞處兩旁停了摩托車後還可讓兩臺摩托車會車。改建的樓房樣式與顏色，很有越南特色，門面狹窄但樓層不低，外牆沒有貼磁磚處塗上鮮豔的油漆。民居的「華人」特色，展現於民間信仰的痕跡，斗大的「對我生財」幾個漢字就寫在路沖牆壁上，大門門楣貼著「北極眞武玄天上帝靈寶鎮大吉」的鎮宅符。

走馬觀花了一下，我們竟然巧遇了木柵居民。

原本劉女士的二兒子要陪我們一起造訪這個他出生長大的村子，但他帶客人去越南中部旅遊去了。在沒有「村民」引薦下，尋找木柵居民得想其他辦法。我走到一處有一群人圍繞著吃早餐聊天的民居門口，鼓起勇氣，拉大嗓門用中文喊了一聲：「哪裡有賣飲料？」有位大姐馬上用中文回答：「這邊沒有，要到前面那

巷弄中的巷弄。（高雅寧／攝，2020.02.01）

裡。」接著一位白白淨淨長髮過肩的女孩也回應了，就這樣，我們開啟了對話。

兩桌居民推派一位年近七十歲的男性長輩爲代表，接受我們的「訪問」。這位皮膚白皙、頭髮灰白、穿著紅色Polo衫精神抖擻的張先生說：「這裡是自由新村，另外還有『自由村』與『居仁村』，都是胡璉大使建的。……我搬去臺灣已經二十年了，住在木柵，過年回來越南玩，過幾天我們要去下龍灣。」留下這位先生的臺灣手機號碼後，下一站，我們便去尋找他提到的「居仁村」。

我們讓Google地圖帶路，在小巷中穿來繞去，不久，有一座類似「宿舍」的建築映入眼簾，這就是「居仁村」。它是兩棟二層樓的建築，第一層兩戶兩戶背對，共二十戶，再加上第二層，就有四十戶，兩大棟總共有八十戶，但這麼大的樓，第二層幾乎人去樓空，只剩下幾隻小貓在走廊遊蕩。兩排建築物之間的空間很寬敞，居民拿來作停車場與晒衣場。若要說這裡有哪些我自認爲的越式風格，就是漆成綠色或藍色的木製百葉門窗，以及斑駁的黃褐色建築外牆了。

居仁村二樓走廊。
（謝子充／攝，2020.02.01）

一位身穿紅色褲裝居家服的大姐，正在門口切火腿，她解說這兩棟樓的格局，用中文感嘆地對我們說：「這樓可能很快就要拆了。」她右方的鄰居家大門敞開，一位老太太靜靜地坐在客廳裡往門外凝視，客廳中的神龕，左邊是以中文書寫的祖先牌位，右邊列有華人神明的神位。

在居仁村民輾轉介紹下，我們拜訪了一位移居臺灣的葉阿姨。她熱情地招呼我們在屋前門廊的水泥圓桌坐下，就在我們開始聊天時，有位女性美甲師騎著摩托車帶著工具來到旁邊，嫻熟地坐下來幫一位婦女修指甲。

葉阿姨祖籍廣東合浦（現屬廣西），

居仁村一隅。（高雅寧／攝，2020.02.01）

一九五〇年代從海防來到南越，先住自由村，一九六九年搬到居仁村。一九八〇年代，她的父親與妹妹移居臺灣，她本人於一九九九年遷居臺北，目前跟女兒住在木柵。阿姨的朋友，一位穿著貼身白色polo衫與牛仔褲的中年男性，在我們坐定前，先騎著摩托車離開。這位大哥也住木柵，是臺北市興隆路廣式越南餐廳的常客。

離開前，我拿出相機拍了居仁村一隅，居民用越南語說：「這有什麼好拍的。」確實，如果今天外人來拍我的社區，我也會有同樣的疑惑。但這張照片記錄了二〇二〇年居仁村的模樣，說不準這棟歷史建築很快就會被拆了，而那段華人從中國到北越，從北越到南越，從自由村到安康社區的遷徙歷程，那段冷戰期間大歷史，也許還記錄在檔案資料中，但大歷史背後被忽視的升斗小民之生命經驗，就會被掩蓋在新建築之下，隨著上一代人的凋零，再也無法關注與回溯了。

臺北．安康社區

臺北市木柵市場兩層建築物旁有一間東南亞雜貨店，門口擺放著香茅、南薑、黃薑、香蘭草等新鮮香料，有時還有當季的波羅蜜、青芒果、青木瓜，紫白色的小圓茄等等蔬果。假日時，門口會多擺上一張桌子，上頭排滿一盒盒的食物，有酸辣的涼拌青木瓜、綠白相間的香蘭椰奶糕、長形糯米粽子。櫃檯後，有著一頭灰白過耳鬈髮戴著老花眼鏡的女老闆，一下子用廣東話招呼年齡跟她相差無幾的婦人，一下又用中文跟推著輪椅帶著雇主爺爺來購買日用品的印尼家庭看護溝通，或用越南語跟在店門口擺賣自製熟食的中年婦女聊天。

距木新市場不到兩百公尺的巷弄內，有一家週二到週日每天換菜色的無招牌小吃店（店面已於二〇二三年遷至景美女中斜對面）。公寓一樓門口停滿著摩托車，攤位上掌勺的是一位皮膚白皙、面帶微笑、體態豐腴，兩手沒停下來過的中年婦人美玲姐。店面左邊擺放著一臺麵攤車，右邊排放著四五張不鏽鋼桌，其中一張位於鐵拉門交界處，門外自成吸菸區，通常由男性占據此桌。男性食客很有默契的坐在門外的椅子吸菸，有時再配上一杯冰咖啡或冰茶。店面內右側牆上的中越對照菜單，標明著星期二到星期天每天更換兩種主打的河粉或米線，此外每天都有賣越式麵包、烤肉米線與碎米飯。知曉隱藏版菜單的熟客不看菜單，往往親自跟老闆點餐。

這裡率性又自由。如果客人不識相地點了熱咖啡，老闆會豪氣地說：「我們只賣冰咖啡。」這時你就得識相地改點冰咖啡。用餐的客人大多用越南語或廣東話交談，他們有些是久居木柵的移民，有些則是木柵之外想念家鄉味的移民，當然偶爾也有聞香而來的臺灣客人，甚至有越南來的旅行團。

木柵，臺北的越南區。二〇〇六年底「安康市場」拆除前，這裡是名副其實的「越南市場」。

安康市場舊址如今改建成了「興隆公宅」，原來市場內的東南亞雜貨的經營者，在木柵市場與木新市場一帶另尋店址，繼續營業，既服務越南同鄉，也服務東南亞異鄉人，以及臺灣嘗鮮客或東南亞迷。

木柵，臺灣北部山河交界處，自古是個移民之地。過去是平埔族霧裡薛社所在地；清代閩南移民來了，帶著原鄉的技術在山麓種茶；十九世紀末日本人來了，在這裡開礦，用景美溪運送茶葉與礦產；一九四〇年代「外省人」陸續來臺，眷村陸續興建；一九五〇年代政治大學在臺復校，校址在景美溪畔指南山麓；一九七〇年代晚期，提供低收入國民申請入住的「安康社區」完工了，中華民國成了「貧窮」人口數相對少並有社會福利的國家，凡是符合政府規定的中低收入戶皆可申請入住此社區。

根據一九七〇年代末在該社區做調查的人類學家林美容統計，當時社區居民主要是福佬人、外省人次之，福州人與客家人再次之，高山族最少。二〇一五年，安康平宅的部分舊基地改建完成第一批的「興隆公宅」，部分安康戶與申請抽籤抽中的「青年戶」

便陸續入住這批智慧型高樓層住宅。

一九七〇年代，安康社區除了提供給臺灣經濟弱勢移民，海外的政治移民也陸續遷入。一九七五年四月底南北越統一，中華民國政府接納不想被共產黨統治的越棉寮難僑，提供安康社區作爲在臺舉目無親的華僑的暫時居所。

一九九〇年代，政府正式開放東南亞移工來臺，原本住在木柵的越棉寮華僑就近在木柵新店深坑一帶的工廠當作業員，後來隨著政府開放「外勞」，再加上臺商西進大陸，工作機會與加班時數驟減，工廠老闆開始積欠薪水，爲求生存，他們得找其他營生方法，於是有些越南華僑移民便轉行開雜貨店或小吃店。一九九〇年代也是臺灣的東南亞配偶激增的年代，東南亞商店的客群因移工與配偶漸漸成長。「仁德專案」規定華僑父母帶未成年子女一起來臺的條件，使得部分子女到了適婚年齡，會再透過越南親友介紹，回到越南找配偶，或透過同鄉會找對象；那些沒有趕上「仁德專案」末班機的親人，又慢慢一批批透過依親方式來臺。木柵，這個最初法屬印度支那政治難民的落腳處，形成了強大具越南生活經驗的移民網絡，其中有政治移民，也有婚姻移民，當然也有經濟考量的移民，有華人，也有越族，也有華／臺越通婚的新二代。

安康社區全盛時期有超過一千多戶，是一九七〇年代流行興建的四層樓公寓住宅，興隆路跟木柵路交界的兩旁巷弄，便是安康社區的所在地。十六戶人家共用一個樓梯，社區內的房型分為十二坪與十四坪；家庭可以申請十四坪，但如果是獨老者兩人同住，就會被安排在十二坪的單位。進門後的格局，中間是公共空間，作為起居室與餐廳，一邊有兩個房間，另一邊是廚房與浴室，還有一個天井空間，可作為洗衣房或儲藏室。麻雀雖小，五臟俱全。臥房內放上一張單人床再加一個衣櫃，僅剩一條走道，如果是小孩多一點的家庭，就得考慮放置上下鋪，如果是夫妻房，勉強可以擺上一張雙人床。

移民家庭的起居室或臥房，有家庭的宗教信仰或紀念已故親人的痕跡。一位天主教越南新移民家庭內的客廳，擺放著耶穌像、聖經與十字架。一位獨居的華僑，房間櫃子上擺放著父母遺照，遺像前面擺放著一個綠色香爐與一對紅色燭燈，以及一本精裝的聖經。她的中國室友將丈夫的牌位放在客廳高高的衣櫃上，逢年過節給他上香，牌位旁立著一尊雙童彌勒像。另一個單親但三代同堂的家庭，紅色鐵門外有天公爐、進門後正對面牆上則上下都擺有神龕，上面是該戶女主人去世丈夫的牌位與一尊觀音神像，下面神龕安放著越南習慣立在地上祭拜的土地公與財神爺。

安康社區提供了幾類中南半島華僑來臺後的居所。有一批是一九七〇年代海漂來臺後先安置在安康社區的華僑，例如：本書第二章劉有有的父親與弟弟。另一批是一九七〇年代末到一九九〇年代初透過「仁德專案」申請經第三地（泰國）搭機來臺後選擇入住的華僑；例如：本書第六章〈太平角落〉的阿姨家與第五章的威少家。也有自行來臺多年後，一九九〇年代才申請入住的華僑；例如：第四章的黎美勤女士。還有家族女性先嫁來臺灣，並透過層層依親之後，來臺後申請入住安康的華僑家庭；例如：第一章的劉鳳玲女士、第二章的劉有有女士與第六章的阿姨。

劉有有女士一家人居住安康社區的時間長短不一。劉家未成年子女最初被安置在各地，二弟與兩位妹妹跟父親海漂來臺後，被安置在兒童之家，劉女士隔幾年才搭飛機來臺，被安排到華僑中學讀書，之後長年在外讀書與就業，全家人僅在過年或長輩生日時才在安康父母住處短暫團聚。劉女士的父親祖籍廣東廉江，對中國故鄉的認同高於越南，一九八〇年代末政府剛開放探親時，劉女士的二弟曾陪父親回廣東探親。二弟媳出生與成長在越南的居仁村，十多年前透過父輩朋友介紹遠嫁來臺，定居木柵。當時，劉二弟已經透過勞工貸款在木柵路二段購買了一間公寓的二樓。弟媳在木柵的朋友並不少於劉二弟，因爲木柵多的是來自堤岸自由村的移民。

黎女士祖父是寮國華僑黎榮業，父親是抗日烈士黎惠權，她曾以單身身分居住在安康。一九七五年南北越統一，黎女士家族經濟條件足夠，因此選擇逃往世界各地，未婚的她跟媽媽選擇一起搭飛機來到臺灣，只因爲媽媽不想離廣東珠海的娘家太遠。哥哥一家則去了法國，目前定居巴黎。剛來臺灣時，安康社區也是母女兩人居所的選擇之一，後來透過朋友介紹，決定在北投租房子。黎女士參加基督教會與救國團舉辦的各項活動與課程，還經常去泡溫泉，生活過得自在與充實。後因經濟管理不善，一九九〇年代初跟母親落腳安康社區。母親去世後，黎女士與另一位從福德平宅搬遷到安康社區、喪夫、來自廣西的韋女士，共居於一樓十二坪的單位。二〇二二年十一月，當臺灣人忙著選舉，她因爲罹癌，受不了安康舊房子的環境，搬進了興隆公宅的一房一室，開始了老年獨居生活。

劉鳳玲女士常說：「一命救全家。」所謂的「一命」，指的是「女兒」。劉女士的長女一九八〇年代末嫁來臺灣，先是先生依親女兒，接著大兒子再依親父親，劉女士最後在二〇〇四年才正式定居臺灣照顧兒子與孫子，因爲她說「我只讀到小學畢業，但懂國字會說國語，我是幫家族所有的人都辦好手續後，最後一個來臺的」，目前她們一家三代單親家庭住在安康社區的四十二巷。二〇〇三年，她搬入安康社區，居住至今（二〇二四）。丈夫於二〇一五年在臺去世後，劉女士託人在胡志明市製作丈夫的牌位並帶回臺灣，供奉在家中神龕上。原本三代單親再加上大兒子領有身障手冊，可以優先登記入住興隆公宅，但她擔心自己早晚都給神明與祖先燒香的習慣，會被扣點數逐出嶄新的智慧型住宅，因此堅持要繼續住在安康社區。她把一切的希望都寄託在孫子，希望孫子大學畢業後，能夠成爲家庭支柱。

阮女士如果不探究其家庭背景，會單純認爲她就是臺灣典型的「新移民」，她的小孩也會自然地被歸爲「新二代」。她丈夫的家族是越南華僑，來臺模式類似劉鳳玲女士一家。阮女士丈夫與公公曾在一九九〇年代越南經濟相對開放之後，從胡志明市搭火車到河內，越過中越邊境，買了一艘船駛去香港，在難民營待了幾年後，因當地找工作不如想像中的容易，故在港府關閉難民營前，選擇一人領三百塊美金搭機回到越南。她的大姑一九九〇年末嫁到臺灣，公公婆婆帶著小叔在二十一世紀初透過大姑依親來臺，並定居在木柵一帶，先生隨後依親也來臺。

阮女士在越南中部邦美蜀一個有十幾口的京族家庭長大，全家信奉天主教。出生在胡志明市的先生有一年跟華人朋友去越南中部旅遊，因緣際會認識了未來的妻子。這位不太會越語的華僑先生，看上了這位不懂說華語的京族姑娘，兩人克服了語言與文化的藩籬，最後認定彼此。先生來臺後一年，回越南與阮女士結婚，她便得以配偶身分於二〇〇三年申請來臺。剛開始，夫妻在木柵一帶租房子，後來打聽到自己符合申請平宅之資格後，順利申請入住安康社區。阮女士的先生有不少朋友移民美國，他也曾經赴美評估移民的可行性，不過他說：「美國太不方便了，去買個東西都要開車開好久。」從此，便不再提美國夢。先生的外婆是「客家人」，婆婆有兩個妹妹先後嫁到苗栗客家莊，其中一個妹妹是透過女兒做媒，從越南來臺再嫁給一位中年喪妻的客家先生，阮女士笑著說：「一般來說都是媽媽把女兒嫁來臺灣，這位阿姨是被女兒嫁來臺灣的。」

除了上述的各章主角，還有一類移動者正在增長，他們屬於原本具有中華民國國籍或即將取得中華民國國籍的未成年移動者。在臺灣出生長大操著臺灣口音國語的「新二代」，若不說父或母的華僑或外籍身分，外人很難知曉，就像阮女士的三個男孩。

阮女士二〇一八年年底創業之初，雖有丈夫與婆家支持並分擔家務與小孩課後照顧，但她曾一度想將最小的兒子送回越南給娘家看顧，正所謂跨國隔代教養。其他移民小家庭，也會選擇將小孩送回給養育成本較低的長輩照顧，而且通常長輩們都在國外。還有些移民學童，可能一句華語都不會說，卻因爲具「中華民國」國民身分，回臺後被強迫入學。這些未成年的移動者一開始只能靜悄悄地坐在臺灣國中小教室的一角，有時候連想上廁所也不會表達，是不是能放學回家也搞不清楚狀況。有些幸運一點的小孩，遇到熱心的老師，願意額外花時間想辦法找資源幫他們「補救」華語或找通譯協助，靠著外在資源挹注與自身努力，不少學童過了一兩年就能融入校園生活，但有些資源不足的學童，矇混著完成或未完成義務教育後，只能打零工度日，等到適婚年齡再回越南找對象。此外，還有一些想要依親的青少年，在取得居留證之前，成了不斷在臺灣與出生國兩端往返的移動者，他們在臺教育的起點只能是國小補校。例如阮女士的小叔，他無奈地說：「我在越南都讀完小學了，政府要求繳交的證件也全都公證了，結果卻讓我去念國小補校，學什麼兔子會挖洞的課文，哇，我都國小畢業了耶，我乾脆不上課去電子工廠打工。」於是，他一路打工直到現在，已經三十好幾了。

拜「新南向政策」之賜，來臺的越南留學生逐年增加。有別於一九七〇年代陸續來臺的越南華僑，以及一九九〇年代大多來自越南西南部省分的婚姻移民，近年來臺的越南留學生大部分來自越南北部省分，面貌也截然不同。政治大學的越南留學生中，有些留學生會先來華語中心學中文，通過華語文能力測驗後，直接申請進入臺灣大學就讀，有些學生則申請英語碩博士學程，當然，也不乏已在越南大學任教的老師，他們來臺灣深造、取得博士學位，打算日後再回越南教書。木柵一帶還有另外一群越南留學生，他們是技職院校的「產學合作專班」學生，來臺前，不一定學過中文，但必須半工半讀，是臺灣勞動力的來源之一。

木柵・越南社群

木柵「越南市場」並不像雙北兩市其他族裔經濟相對集中的區域，越南新移民從事的行業應有盡有，但也有其特殊性。越南華僑以家族人力經營小吃店或雜貨店，越南配偶從事美甲、美容業或按摩業，也有不少人在餐廳打工、傳統市場販售或從事清潔工作，在工廠裡擔任作業員，還有越南背景的男性移民擔任工人或小工頭，也有從事交通運輸業或保全……等等。其中最具越南特殊性的是美甲業，在木柵一帶的大街小巷、木柵市場的周邊，以及景美夜市的攤位上，我們能看到從事美甲業的越南女性。如果再有多一點的時間成本、財力基礎與社群網絡，她們就會進階經營複合式的美容行業，例如幫忙紋眉、紋唇、按摩與做臉……等等。

越南餐飲店通常服務越南移民與移工，他們的用餐方式、點餐內容與主客關係有其特色。北臺灣一般人的早餐吃慣了三明治、麵包、饅頭、蛋餅等等，但越南人早餐卻習慣來餐廳吃上一碗河粉或米線，甚至一盤烤肉飯，因此這裡的越南餐廳早上七八點就開門，服務需要上班的越南移民們，或正從工廠下班的作業員們，還有已經退休的移民們，眾人來此吃家鄉味，邊吃邊聊天。

來自越南的華人還是習慣廣式口味，越南人則偏好魚露與魚醬的料理。老闆通常不趕人，顧客將餐廳當作自家餐廳般地自在。下午，位在興隆路巷弄內的「越南順化米線」騎樓外，兩點到五點之間，有幾名越南男性移民點一杯咖啡或檸檬蘇打水，在此抽菸、聊天兼上網。到了晚上，有些沒有開伙的越南移民家庭會全家出動來吃晚餐。假日則有遠道而來的越南或臺灣顧客來捧場。餐廳尖峰時段，那些天南地北聊天的熟客通常會很識相地離開，當中有些熟客還會兼任服務生，幫忙點餐送餐兼收碗等。

木柵至少有兩類宗教機構，由越南神職人員擔任要職，並吸引越南的信徒參與宗教活動。位在木新路與指南路交界的天主教復活堂，至二〇〇五年至今（二〇二四）就至少有五位越南神父擔任正副司鐸，信徒中也有不少的越南配偶與移工。萬芳路的慈光寺也有不少越南比丘尼來此修行，越南信徒會來此參加法會或擔任志工，協助準備祭品與法會後的餐食。新店寶橋旁的公寓裡，有間名爲「普悲道場」的越南佛寺（這間佛寺的住持與部分信徒於二〇二三年遷到劍潭金剛寺，另一些信徒則在木柵山上另尋寺院修法），新店工業區內越南背景的作業員，或者定居木柵新店一帶的越南移民，會來此唸經與聚會。若遇到大型的節日，該寺會聯合其他臺灣的越南佛教團體聯合邀請越南師父來臺講經說法，例如：二〇一九年農曆七月分就曾主辦過盂蘭盆會。

此外，安康社區小學大門斜對面的一棟大廈裡，有新移民經營的安親班。這是一間中越雙語安親班，老闆娘與部分新二代都會說越南語，給人生地不熟的移民兒童學校沒有辦法提供的安全感，也讓移民家庭對這個安親班建立起深厚的信任感。無法協助小孩寫作業與學習的移民父母，把重責大任交給安親班處理；學校發的中文文件，家長看不懂，馬上用LINE直接傳給安親班老闆娘，讓她幫忙解釋與翻譯；剛從越南來臺的小朋友需要加強注音符號，老闆娘便把自己在補校學的那一套拿來教他們；小孩升國中後要找補習班，家長也委託老闆娘幫忙介紹、帶著去報名；甚至還有些早出晚歸或是得去外縣市工作的家長，拜託老闆娘協助照顧小孩。安親班老闆娘不僅協助解決小孩的問題，更幫忙大人找工作、找房子，只差沒作爲紅娘幫忙介紹對象給單身人士。

這間安親班，是一個非政府委託的新移民關懷據點，老闆娘說：「他們有需要才找我，我能幫忙就盡量幫，等到他們有好長一段（時間）不再找我，那大概就是他們自己可以處理問題了。」這裡沒有社福機構的開案結案，但這裡有一位自我培力成功的新移民，她用自己的方法關懷與協助不同年齡層的越南移動者，補足了政府沒做或做不到位的那一塊。

結語

將近半百屋齡的安康社區終究會被嶄新的興隆科技宅取代，「仁德專案」也只會出現在政府檔案或陳舊的報紙上，但有越南生活經驗的社群網絡不會在木柵消失。上一代生命將盡或即將跨越一個世紀的華僑會凋零，但如果新二代或移民兒童在學習中文與融入臺灣社會的同時，能珍視或保有自己的語言與文化，那麼他們能展現的跨國移動力會成爲臺灣與越南未來強有力的連結。

冷戰時期編寫的社會課文內容已經顯得不合時宜，但追求「自由」與「安康」的生活應該是普世的價值。臺灣一直是一個移民的社會，之所以有人會願意移民，表示這裡在不同的時代能提供比原鄉更好的生活條件，從早期的閩南人、客家人、外省人到現在的「新移民」，大家都是移動者。老移民如何接納新移民，新移民如何在兩種文化中轉換與調適，一直是臺灣島上住民的重要功課。

從「南向政策」到「新南向政策」，社會課或歷史、地理課對東南亞的介紹增加或加深了多少？你對東南亞的移動者——包括從中國移民東南亞再移民來臺者，或東南亞華僑的第二第三代再移民來臺者——認識多少？我們期待透過本書一篇篇動人，甚至血淚交織的生命故事，帶領大家認識身旁來自越南的移動者，讓「移民」的形象可以鮮活、立體與多元。

致謝與後記

我因參與國立政治大學所執行的教育部大學社會責任實踐計畫（University Social Responsibility, USR, 2018-2022）「興隆安康．共好文山」，並有幸擔任「新住民關懷」項目的主持人，政大師生透過實踐方案與臺北市文山區的移民建立起信任關係後，二〇一九年開始，透過課程，師生陸續以聊天、採訪、觀察甚至走訪越南華人社區的方式搜集生命故事材料，在取得故事主角同意後，完成本書各篇章。各篇章的完成時間在二〇二〇年夏天，初稿完成後，作者跟故事主角分享內容並確認書中細節，有些主角同意使用眞名，有些則選擇匿名，書中提及的地名與時間則都是眞實的。本書從初稿到完稿，歷經了疫情，出版延宕，很多學生畢業了，有兩位作者已經有個人專書出版，有些移民家庭中的長輩過世了，或個人歷經病痛與搬遷，其中一個移民家庭用盡積蓄在文山區買了一間超過三十年的居所，但無論如何，本書完成了。

感謝所有願意跟我們分享故事的移民朋友們，也感謝願意在課程結束甚至畢業後繼續不斷修改初稿的作者群，最重要的是感謝編輯黃淑眞願意冒險與投注時間修改與編輯文筆不純熟作品集。最後，感謝教育部USR計畫的經費支持，讓我們不僅僅進行社會實踐，同時還能有生命故事集的產出。

第一部

戰爭來了、越共來了：1970年代

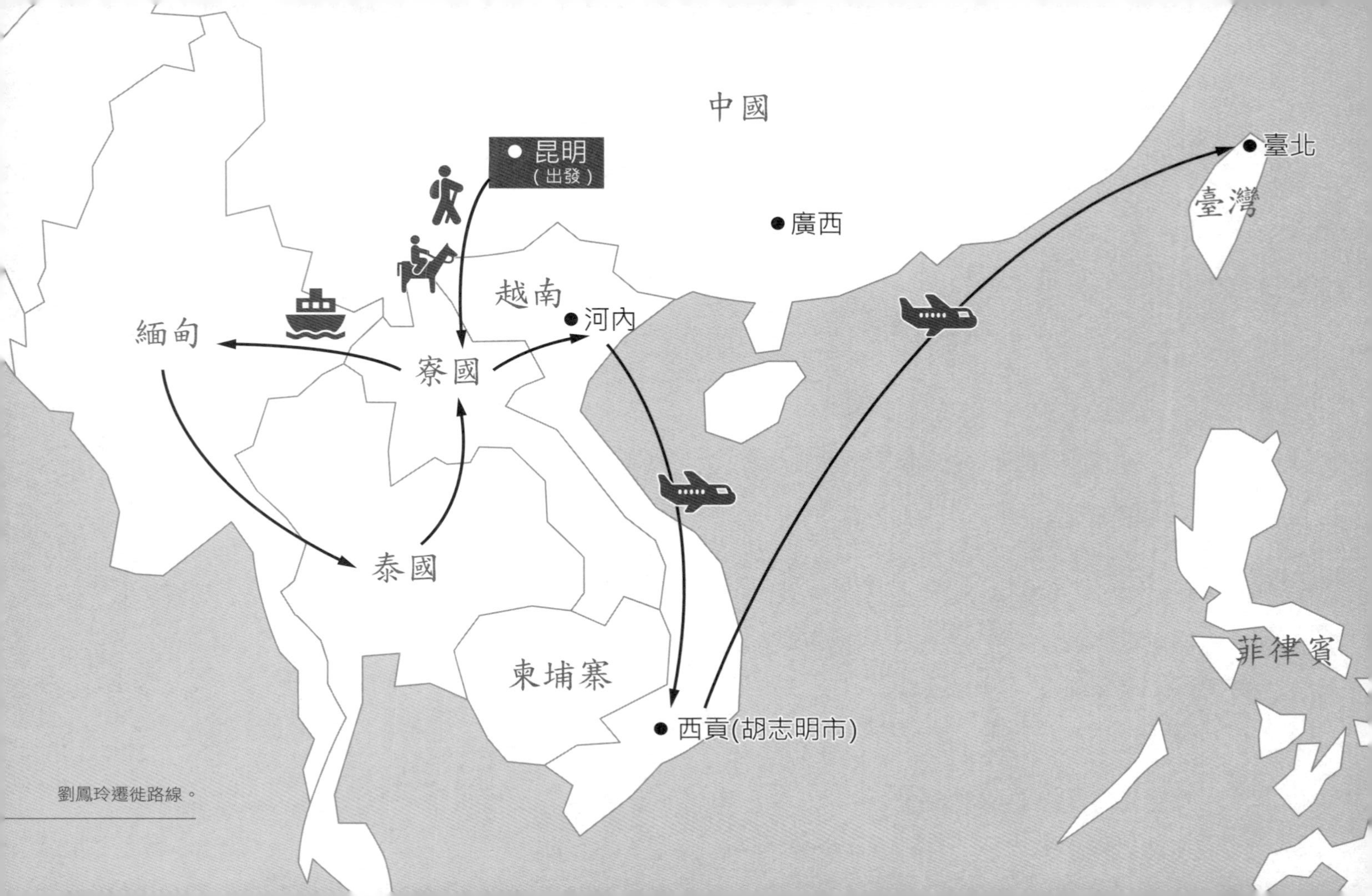

劉鳳玲遷徙路線。

CHAPTER 01

從自由到安康：有兩個名字的女人

—黃馨慧、蔡佳璇

從昆明出發的流離光陰

劉鳳玲奶奶，小名定芬，是木柵安康平宅中的住戶，但她出生、成長的地方不是臺灣，而是中國雲南昆明。西元一九四七年出生的鳳玲奶奶，即便已經七十好幾，梳在腦後被精心呵護的整齊短髮還是黑的，她左邊的手臂上有一個彈孔留下的疤痕，右手的大拇指少了半截，左手的食指呈現彎曲狀，這些都是戰爭與逃難的歲月刻畫在她身上的印記。

劉鳳玲奶奶的名字是她在昆明的兩位乾媽給的，奶奶笑說：「一個乾媽給她的女兒名字叫做『鳳』，另一個乾媽給她的女兒叫做『玲』，所以我的本名就叫做『鳳玲』。」

她右腳拇趾與二趾經常不自主地疊在一起，走路只能緩緩的，又因不會搭乘公車，所以在木柵的活動範圍有限，外出主要靠步行。

奶奶大部分時間都待在家，偶爾會到木柵市場和越南商店買菜和調味料。假日，同住的大兒子阿強會騎摩托車帶奶奶到遠一點的超級市場，一買，就是一星期的分量。

偶爾在外頭遇到附近同樣來自越南的鄰居時，鳳玲奶奶會用越南語交談幾句，回到家中則跟大兒子用粵語交流，跟孫子用華語。燒香祭拜爸爸與媽媽時，她說昆明話。

鳳玲奶奶會講的語言，代表了她生命中走過的地、遇到的人。

鳳玲奶奶的媽媽叫做劉喬坤，外祖父名爲劉玉堂，原是雲南元江一代的大戶人家。當時雲南地區有許多地方都會種植罌粟，元江位於雲南中南部，靠近東南亞地區，海拔高度從三百至兩千公尺，適合罌粟生長，而罌粟正是提煉鴉片的主要原料。他們家裡做過煙幫，所謂的煙幫是當時一種製作與運送鴉片的生意。

對於近二十一世紀出生的人來說，鴉片只是一個歷史課本上出現過的名詞，鳳玲奶奶實際活過那個年代，能侃侃而談有關鴉片的所有細節。鴉片就像奇異果的種子一樣，小小、黑黑的。她親眼見過外祖父用煙管吸入鴉片後，徐徐地吐出深灰色的煙，那是一股比塑膠燃燒還要難聞的味道，奶奶不僅看過、聞過，甚至連菸草捲成菸的製作過程也一清二楚。她指著自己鼻子左側一個淺淺的淡褐色疤痕，不仔細看的話，根本注意不到，但那是她外祖父邊抽煙邊抱著她時，長長的煙槍不小心燙傷她所留下的缺口。

過去的痕跡就像鳳玲奶奶鼻子旁那道傷疤，現在看來很淺，卻深深地刻在血肉裡。

奶奶的外祖父當過官員，與寮國永珍地區的政治圈往來密切。在國共內戰期間，奶奶五歲那年，這個官宦背景成了他們一家逃亡的原因。因擔心外祖父擔任官員一事爲家中帶來災難，他們決定逃離中國。

奶奶的雙親帶上了幾個丫鬟還有長工一起離開。奶奶總喜歡說在那個年代用十二隻羊就可以買斷一個人，讓他一輩子在有錢人家裡做工。

鳳玲奶奶的外祖母留在昆明，沒有隨著兒子一家人離開，說是因爲她裹了小腳，走路不方便，根本無法逃難，只好留下。奶奶的媽媽劉喬坤之所以能跟著走，是因爲剛纏足不久就

裹小腳的外婆（左）、擔任官員的外公（右）。（劉鳳玲提供）

正逢民初解放小腳的風潮，便沒再繼續，這才能於舉家逃難時徒步跋山涉水。

鳳玲奶奶和弟弟定忠當時年紀還小，無法自己走遠路。他們被裝在簍子裡，再安放在馬背上。還有一對龍鳳胎大雙、小雙，以及一個襁褓中的小妹妹，由丫鬟背著或抱著。長工負責趕馬，一家人往外祖父曾經待過的寮國永珍而去。

這一走，就是一輩子。

由中國到中南半島

從雲南到寮國永珍的路上，奶奶一家人跟著游擊隊到處逃亡，後來又走過了寮國、緬甸、泰國、越南等區域。

孩子們由馬馱著，大人則是徒步行走。

「有一種蟲叫做螞蝗，荒山野嶺才會有，牠喜歡爬在人的腳底板，而且會吸人血，你怎麼拔都拔不下來，要擤鼻涕（塗在蟲身上），滑滑的才拔得下來。」回憶起過往的一些場景，奶奶總是會搓搓自己的手臂，說一想到就不由自主地起雞皮疙瘩。

在逃難期間，龍鳳胎大雙、小雙以及小妹妹相繼早夭離世。那個因戰亂而逃難的年代離我們如此遙遠，很難想像奶奶的一生經歷了多少危險，才能擁有一個相對安穩的生活。

鳳玲奶奶的小名「定芬」是媽媽取的，爲的就是防止一雙兒女在逃難的過程中走失。弟弟在劉家中的字輩是「定」，叫做劉定忠，媽媽因此幫她取了「定芬」的小名，告訴她：「如果姊弟失散了，就要照這個字牌去尋找，姊姊就叫『定芬』，弟弟叫『定忠』。」

這個小名成了奶奶重要的標誌，象徵著她逃難的歲月，同時也是另外一種看不見的「身分證」。

在寮國的日子，定芬奶奶一家在少數民族的村寨裡躲避追捕。外祖父家在寮國當地的工人（昆明話叫老撾子）幫忙接應他們、蓋了暫時居所，煮了一大鍋玉米粥給辛苦逃難的他們吃頓飽飯。

定芬奶奶的母親從雲南逃出來時，身上帶了一些菸草，這些菸草在逃難期間有如同貨幣一樣的交易功能，他們便拿菸草及布料跟當地人換米來吃。

「逃難的時候比較精彩，四五歲嘛，沒水喝，就一直哭，毛澤東他們那些軍人（要是）聽到會來槍斃、掃殺（我們）。大象走過去後有個窩（地上有泥坑），我媽就這樣捧起那個水來給我們喝，現在想想覺得很噁心，但那時候也沒辦法。」這是定芬奶奶一家人從中國逃往中南半島過程中最鮮明的一幕之一，這讓她養成了四季都能喝冷水的習慣，也造就了她一天可以只吃一餐的能耐。

邊回憶過往邊訴說那段艱難逃難的歲月，奶奶摸著左手呈現彎曲狀的食指說：「這個也是當時逃難時候受傷的。」她媽媽是大戶人家出身的小姐，不會下廚，身為家中長女的定芬就扛起了做家事的責任，和媽媽帶著的丫鬟們學做事，會下廚煮飯也會砍柴，卻意外砍斷自己的食指。那時候沒有醫生，受傷了只能自己處理，定芬奶奶的媽媽見狀，急忙地將奶奶斷掉的手指接回去，在斷口處撒下雲南白藥，再用布包裹起來。結果斷掉的手指雖然接回去了，卻有著不自然的彎曲樣態，在定芬奶奶的身體上留下了一輩子的印記。

一九五二年開始逃難，定芬一家人一路從中國出發跟隨游擊隊的步伐，也為了躲避共產黨的追捕，走了不知多遠的路。後來在寮國永珍的山上，他們遇到法國軍隊，法軍以為這些難民是中國軍人，便開槍掃射，奶奶的父親劉喬清就這麼不幸中槍去世了。

噩耗來得突然，人命如鴻毛。當時沒有什麼工具能挖洞又沒錢，定芬的媽媽只好和丫鬟們徒手挖了一個洞，把丈夫推進去、埋起來，再打起精神帶著一家人繼續逃難。

他們從中國到寮國，又從寮國逃到緬甸和泰國，再從緬甸和泰國搭船一路往北越前進，最後在北越河內乘著飛機飛往南越，成為當時南撤華僑中的一分子。

在自由新村的年少歲月

二戰後，國民黨政府曾在西貢（現胡志明市）的堤岸（Chợ Lớn）資助興建數個村落，來收容反共的南撤華僑，定芬奶奶一家人落腳的自由新村就是其一。他們暫時脫離流離顛沛的日子，在南越共和國政府的領地下找到一塊臨時的庇蔭所。

自由新村的入口處有個大立牌，上頭題了「自由新村」四個大字，一旁還寫著「本村房屋係越南共和國政府捐資興建　中華民國四十五年二月二十二日」。

奶奶回憶道，當時自由新村是由在泥土地上，用木板、鐵皮臨時搭建的簡單建築物組成，房子是透天的；一戶人家不管有多少人，都只能擠在三平方米大小的空間裡。他們睡在一張木板上，木板下就是泥土地。好處是他們不用付房租，等有錢了還能自行擴建，擴大居住空間。

除了睡覺的空間，自由新村的廚房、澡堂和廁所都是採公共式的，所有人必須一起使用。

定芬奶奶的母親在領事館認識了之前做游擊隊的張國良，兩人在西貢的領事館內結婚，「當時也沒領結婚證書，在領事館認識、看對了眼就在一起，不然一個女人怎麼自己帶小孩生活。」

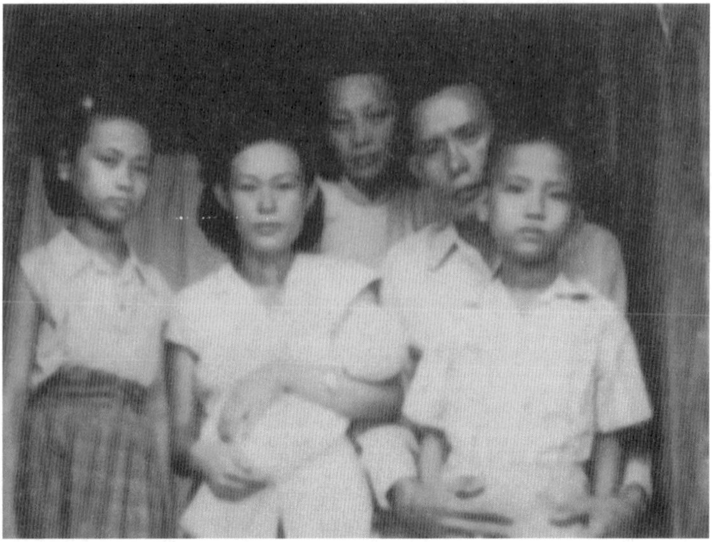

（由左至右）劉鳳玲、母親抱著借來拍照的嬰兒、繼父抱著定忠。這是為了取得臺灣華僑身分拍的照片。借小孩來拍照，可優先來臺。（劉鳳玲提供）

張國良就這麼成了定芬奶奶的繼父，他後來在領事館做廚師，住在當時的華航宿舍裡，而媽媽帶著小孩住進了自由新村的避難屋。

到達西貢時，定芬奶奶已經七、八歲左右，可以上小學了。她上的是自由小學（現團結小學）。當時的自由學校免費提供華人就學，提供中文教育。上課時間是從週一到週五，禮拜六早上還要上半天課。「當時要學毛筆，還要學歷史、公民、數學、中文，每天書包都好重。」定芬奶奶在那裡認識了六位要好的朋友，七個人在畢業那年成了結拜「金蘭姊妹」。

十四歲從小學畢業後，定芬就開始工作，負擔起家裡的生計。

她先去了當時位於第十一郡的于飛塑膠廠。在那個年代，當地有許多塑膠產業是由當地華人投入生產，于飛就是其中之一。裡頭的工人也大多以南撤的北越華人爲主，可惜奶奶後來在工作時不慎被拉塑膠布的機器捲入，導致左手大拇指的指頭少了半截，無法在塑膠廠繼續工作，當時竟也沒有獲得任何補償。

接下來，奶奶到一家上海老闆開的旗袍店當學徒，要學挑衣服、褲子，用手針挑。旗袍店老闆爲人凶悍，如果挑錯一點，一巴掌就對著人毫不留情的賞過來了。

奶奶笑說：「所以你們現在很幸福啦。」

自由新村隔壁除了居仁村以外，還有自由舊村，自由舊村的村長叫劉練生，和奶奶一家一樣都姓劉，只不過村長一家是從廣東來，奶奶他們則是從昆明來的。憑著同姓的情誼，這位劉叔叔幫定芬介紹了一份工作，到一家華人開設的川菜館工作。

劉鳳玲（右）與同事在于飛塑膠廠留影。（劉鳳玲提供）

約莫同個時期，她認識了先生畢秀球。

他們相識在位於第五郡的六國舞廳。＊那是那個年代年輕男女週末的娛樂場所，只要付五塊越南幣，想要跳多久的舞，就能跳多久。奶奶十八歲就結婚，先生一家住在當時位於第十一區的白鐵街市附近，那是一群更早從廣東搬來越南定居的華人，家裡經營的是跟編藤椅相關的生意。

婆婆對於他們的戀情反對得很厲害，她看不起祖籍雲南的定芬，說她的父母親不會講粵語，戲稱他們「老松人」，這是當時廣東人嘲笑昆明人的一種方式。因爲昆明人出門與人打招呼會說「老兄你好嗎？」，但「老兄」的昆明話聽起來是「老松」，那些廣東人就笑他們「老松仔呀老松仔」、「老松不吃蔥」（諧音）。

當時存在著一種祖籍情結，廣東人就是要娶廣東人，同祖籍之間很團結也很排外。奶奶的家人因爲不會講粵語，吃了不少苦。幸好定

定芬結婚當天，右為先生畢秀球。（劉鳳玲提供）

芬奶奶的公公和爸爸並沒有反對，他們夫妻倆便在一九六五年完婚。婚後，定芬搬離自由新村到白鐵市場與丈夫同住，卻受婆婆百般刁難，整天要她去挑水供全家使用，「挑到我都快要暈倒在那邊」。便又離開婆家，和丈夫一起回到自由新村居住。

所謂的「自由」也不那麼自由，依然受當時的社會氛圍影響。

離開越南

一九六八年是戰爭最嚴重的時候。四月三十日，定芬奶奶年幼的弟弟阿義在陽臺吃飯，被子彈擊中頭部而過世，她則被打到左手臂，在身上又留下一道疤痕。

這道疤痕伴隨的是失去家人的痛苦，更是戰爭的恐怖陰影。

美軍B—52轟炸機發射的火箭砲掉在她附近，炸出的洞足足有四、五層樓深。鄰居阿姨的身子被炸得支離破碎，定芬奶奶還在家門口撿到她的一隻腳，媽媽驚慌地大叫，要她趕快丟掉。談起這段恐怖情景，定芬奶奶渾身起雞皮疙瘩，卻突兀地大笑，彷彿是

＊　前身是新大陸電影院，現在改為天虹飯店。

（右圖）長子阿強和次子阿錢拿著玩具槍在自由新村。（劉鳳玲提供）
（左圖）定芬的丈夫婚後去當兵，他手中拿的可不是玩具槍。（劉鳳玲提供）

想淡化心中的恐懼和傷痛。

除了鄰居阿姨，她還看到一位被砲彈弄傷的朋友，整顆眼球掉了出來，吊掛在臉龐上，居然有奇異果那麼大顆。那位朋友捧著眼球，哀嚎著問她該怎麼辦？平時膽識過人的定芬奶奶，見此淒慘景象也手足無措。

當時懷著二兒子阿錢的定芬奶奶，背著大兒子阿強、抱著一個熱水壺、提著一壺牛奶，爲了活命，挺著大肚子向外逃，遇到一個解放軍。奶奶跟他講越南話，求他可憐可憐自己，軍人看到她懷著身孕還帶著孩子，便叫她趕快跑。之後他們又經歷了大大小小的槍林彈雨，還曾爲了避難住到領事館裡，殘酷的戰爭毫不留情地摧殘著生活。

一九七二年駐越南大使胡璉離任，由許紹昌大使接任。國民黨政府原本要派三艘大船到越南接華僑難民到臺灣，但有官員貪汙，私下販賣船位，真正需要救援的難民反而無法上船。定芬奶奶一家只能另外尋求途徑，試圖離開越南。

當時弟弟定忠在華航負責替丁一權董事長打理起居、清潔，因爲愛乾淨又聽話，深受董事長以及李一正經理的賞識，另一個兄弟阿耀也跟著做幫手。於是在一九七五年四月底，南北越統一前夕，定芬奶奶的弟弟定忠和阿耀，在李一正經理的安排下，僞裝成地勤人員，搭上華航最後一班撤僑班機來到臺灣。阿耀還開著玩笑說，上飛機後就要把越南身分證從天上丟下來，因爲對他來說，能離開充斥戰亂的越南眞是太開心了。定忠和阿耀到臺灣後，便先入籍在李一正經理家。

南北越統一那天，定芬奶奶看見寫著「上海製造」的坦克車開進街道，上頭的越共軍人脫下上衣，興奮地揮舞，用越語喊著：「解放越南！解放越南！」統一之後，越南全境封鎖，定芬奶奶無法和在國外的定忠、阿耀取得聯繫，爲了把家人繼續送出越南，便冒險策畫了一次偷渡，成爲當年越南船民潮當中的一抹身影。

越戰期間，大批越南船民偷渡逃難。幸運者，成爲流浪海外的難民；不幸者，成爲葬身海底的亡魂。

定芬奶奶說越南朱篤市那邊有間主處聖母廟，非常靈驗，許多人準備要偷渡前，都會去那裡擲筊求指示，媽祖給了聖杯，就可以安心地去，如果不給聖杯，就得再耐心等待。當時一人偷渡要價七兩黃金，「半公開」則要十四兩；所謂「半公開」，意思是公安睜隻眼閉隻眼放行偷渡。許多人希望藉由偷渡「一命救全家」，亦即讓一人在國外落地生根後，家人再依親移民。

定芬奶奶一家人希望把弟弟阿孝送出去，因爲男孩子留在越南，必定會被抓去當兵。偷渡前，他們在家裡稟報神明和祖先，計畫是從隆海出海，乘小木船到芽莊，再轉搭國際貨輪，兩個小時就能到香港，屆時就能聯絡上在臺灣的定忠和阿耀了。

一九七五年八月中，定芬奶奶送阿孝到隆海搭船，卻因爲自己身上帶著七兩黃金，陰錯陽差之下被送上小木船，成了偷渡客，預計要上路的阿孝反而沒上船。她搭乘的小木船三更半夜抵達公海，理應要與國際貨輪接應，並由偷渡者一手交黃金，一手寫下暗號讓蛇頭送回岸上，代表偷渡成功。這時，奶奶卻看見船長在一片漆黑中，突然用打火機打了三次信號，她覺得事情不對勁，便趕緊悄悄地把黃金綁進長髮裡頭。果不其然，海盜很快就來了，他們上船「乾洗」，脅迫所有人交出身上值錢的東西。有一個軍人的媽媽帶著兩個孫子，將鑽石死死含在嘴裡，無論被怎麼毆打都不開嘴，最後她受不了吐出鑽石的時候，人都已經昏死過去了。

定芬奶奶與其他偷渡客一起跳船逃生，早晨時在岸邊被一群人救起，搭乘他們的摩托車，滿身泥濘、狼狽不堪地回到西貢。這些人也許都是一夥的吧！「神也是他們，鬼也是他們」，扮演雙面人的角色，晚上帶人偷渡，與海盜聯合打劫，早晨時再將偷渡者救起送走。

偷渡失敗後，定芬奶奶只能回到西貢接受共產黨的統治。

越南共產黨統治制度是這樣的，每戶不論人口多少，一律分發兩萬元越南盾，並發放兩本冊子，其中一本寫每戶一個月只給九公斤米，另外一本則是一人一年可領兩米的布。在這樣的情況下，別說是三餐，每天能吃到一頓飯都算好的了。一般人平時地瓜葉和鹽一塊煮一煮就算一餐，要到過年才能買一片手掌大的豬肉吃。

這樣的日子過了多久呢？定芬奶奶也算不清了，過一天算一天，好像過了很久很久，度日如年。

那時有能力的人都想辦法離開越南。有些人會付幾千美金認國外越僑做親人，以期順利移民。定芬奶奶從沒想過要留在越南，因爲在那裡她吃不飽、穿不暖，時時刻刻活在戰爭的陰影中，且在越共的統治下，制度分分鐘都有變化，公安什麼時候要查、要抓人民都可以。雖然有位解放軍，時常會來定芬奶奶家裡縫衣服，認定芬奶奶的母親做乾媽，他們家因此能免於被公安找麻煩，也還算吃得開，但定芬奶奶還是渴望離開越南。

拍照時間推測為1975年，定忠與阿耀來臺之後、繼父過世之前。後排左至右：弟弟阿孝、妹妹阿芬、劉鳳玲、丈夫。前排左至右：長子阿強、么兒阿圓、繼父、母親、女兒阿華、次子阿錢。（劉鳳玲提供）

她到領事館和許多地方四處打探、詢問，最後得知父母親有大陸災胞證就可以申請來臺灣，便又開始了漫長的移民過程。

定芬奶奶的兩個弟弟隨撤僑來臺後，過了大約一年，取得了身分證，家人終於能夠依親移民，於是母親、繼父，和未婚的弟弟阿孝、妹妹阿芬準備來臺，然而繼父卻在來臺前夕因高血壓猝逝，耽擱的移民計畫因此到一九七七年的年中才付諸實行。探詢到移民方法、極度想離開越南的定芬奶奶，因爲已婚有家庭，無法依親，只能替家人辦妥移民手續，送他們上路。幾個孩子以爲定芬奶奶也要去臺灣，到了機場才發現媽媽要留在越南，哭著不讓她離開。

逃難逃了快一輩子，臺灣會是她最終歸屬的地方嗎？

終於到臺灣

定芬奶奶的弟弟阿耀來臺後定居臺中，五、六年後本要移民美國，卻在出發前一週車禍過世；母親與定忠一家定居臺南，六十五歲時因乳癌過世；定忠則在十年前因爲一次摔倒意外過世；妹妹阿芬住在高雄；弟弟阿孝住在臺北木柵的安康社區。

越南統一後，政府開放外商到越南設廠。奶奶透過華航蘇機春經理介紹，到香港來的文華成衣廠擔任檢查員，在那裡工作，直到移民臺灣前爲止。在移民前，定芬奶奶頻繁往返臺越兩地，除了來找家人，也因代辦移民手續，經常陪同跨國結婚的越南女性來臺。期間她和先生曾到加拿大找么兒阿圓住了半年，先生卻不習慣那裡的氣候，還是決定要回臺灣。

大兒子阿強一九九八年到越南和一位越南華僑結婚，從新店搬到木柵。因爲兒子阿熾出生，二〇〇三年他們一家申請入住安康社區一〇七巷的房子。隔年，盼望了好久的定芬奶奶終於和丈夫一起正式移居臺灣，和大兒子一家住在一起。

這是一間十四坪的住宅，兩室一廳一衛浴，麻雀雖小但五臟俱全。進門後便是客廳，右手邊是奶奶心愛的縫紉機，接著是兩人座的豬肝色人造皮沙發，牆上掛著社區華語班師生在安康園遊會時穿著越南長衫的合照，以及幾張不同機構核發的感謝狀。

大門對面有兩座神龕，一個放在地面，供奉財神與土地公；一個懸空，右邊供奉著坐姿的觀世音菩薩，左邊則是先生的牌位，先生的牌位前放著他用過的鋼杯，因爲他喜歡喝溫水。她的先生在二〇一五年因胰臟腫瘤過世，定芬奶奶時常看著牆上的遺照懷念他，一邊回憶過往經歷的大風大浪。

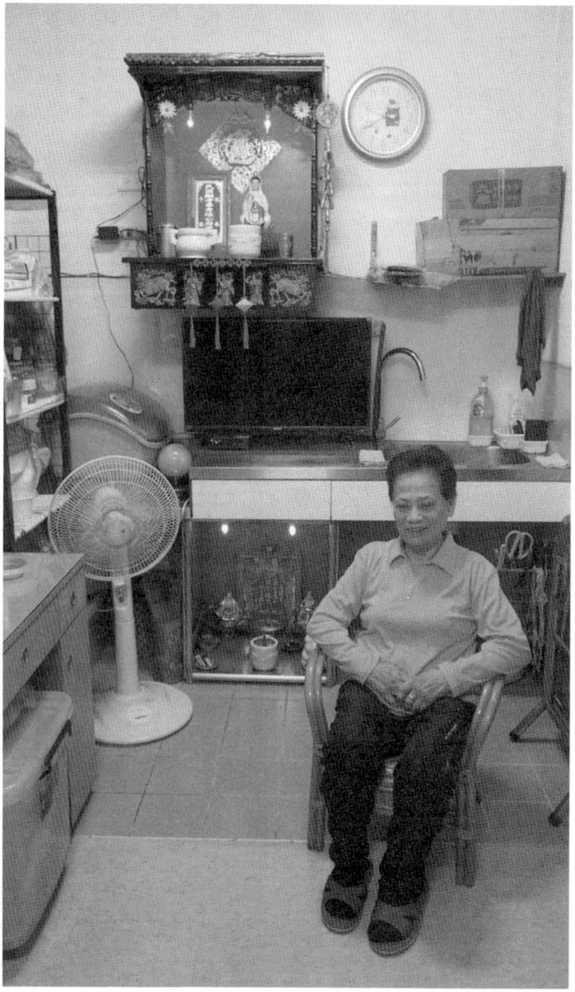

受訪者劉鳳玲在安康平宅的家。（黃馨慧、蔡佳璇／攝）

定芬奶奶落腳臺灣時已經將近六十歲。她平時在家做家事，或是到越南餐廳幫幫忙，沒有工作，也不再需要工作，過著前半生難以想像的簡單生活。戰爭在她身上留下了長遠的影響，年輕時勤苦的勞動，使得她的右腳腳趾、膝蓋和肩膀，只要天氣變化就容易疼痛，並且有坐骨神經痛的困擾，但她不愛看醫生、吃藥，也堅持不開刀，通常是到忠順街的中醫診所去做針灸與推拿來緩和疼痛。

經歷了大半輩子的飄蕩，定芬奶奶終於在安康社區安定下來。過去爲了逃難，她改用「定芬」這個小名。這個爲了防止她與弟弟定忠離散的小名，代表了她流離、逃亡路上的人生。從上學讀書一直到移民臺灣她都使用這個名字，大部分朋友也都稱呼她定芬，只有少數長輩或是相熟的朋友才喚她原來的名字鳳玲。

定芬奶奶是在移居臺灣後不久的二〇〇五年，將名字從「定芬」改回本名「鳳玲」的。她說，希望百年之後，以「鳳玲」這個名字離世。

當了大半輩子的「定芬」，她終於不再需要這個爲防止離散而取的小名，也終於不需再爲了逃離什麼，走上漂泊的路途了。

家在哪，認同就在哪

逃離昆明，暫居寮國，棲身河內，再到西貢，最後落腳臺灣，流離輾轉大半輩子，我們不禁好奇，鳳玲奶奶現在覺得自己是哪裡人？鳳玲奶奶肯定地說，拿著哪裡的身分證，就是哪裡人。以前拿越南的身分證，就是越南人；現在拿臺灣的身分證，就是臺灣人。

或許昆明、越南、臺灣都是鳳玲奶奶的一部分，是她時常懷想、難以割捨的記憶，在漂泊的過程中，認同也隨之一點一滴轉變，不變的是，她總是渴望著一個安穩的家，家的所在，即是認同所在。

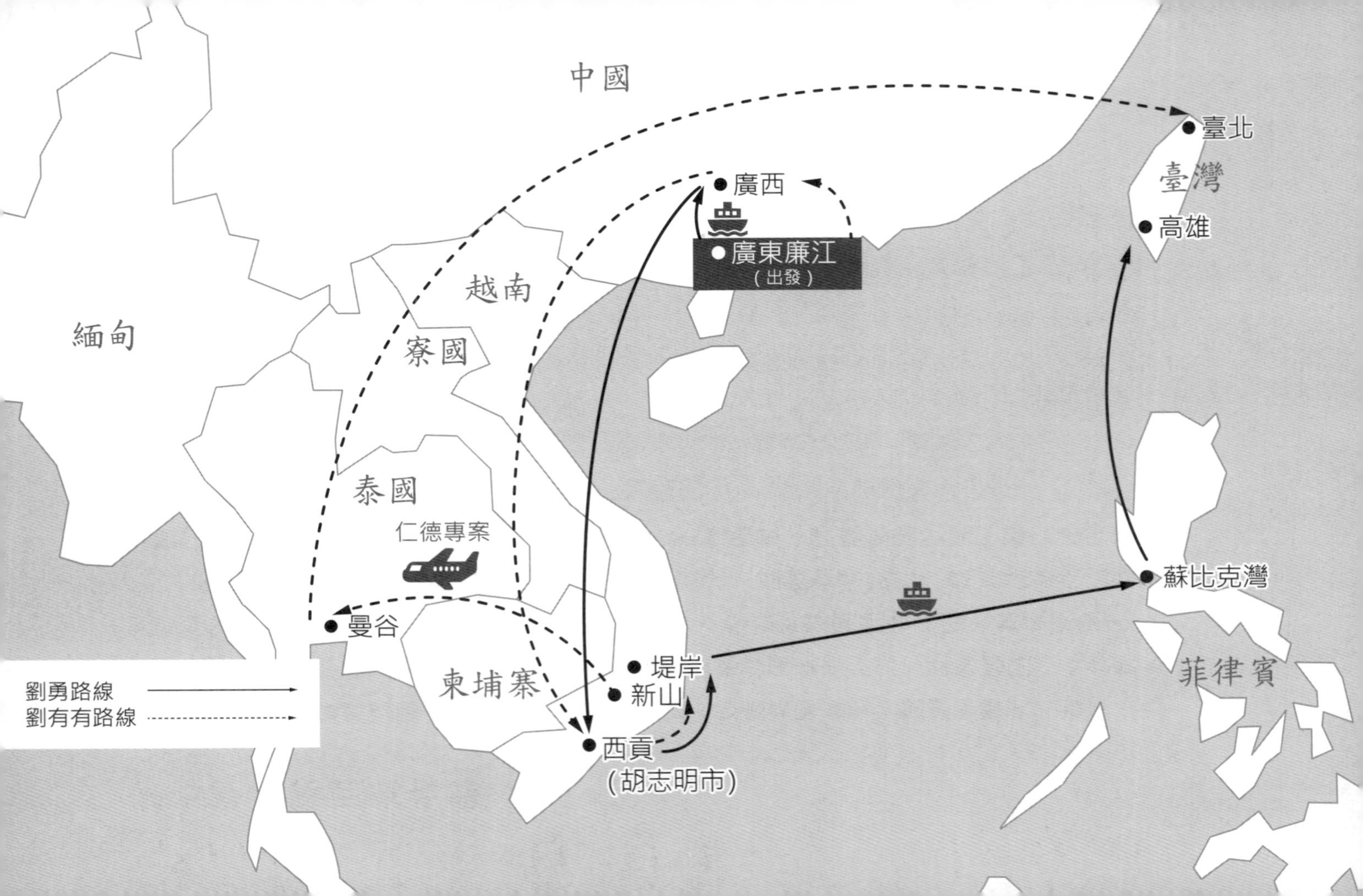
中國
臺北
臺灣
高雄
廣西
廣東廉江
（出發）
越南
緬甸
寮國
泰國
仁德專案
曼谷
東埔寨
堤岸
新山
西貢
（胡志明市）
蘇比克灣
菲律賓
劉勇路線
劉有有路線

CHAPTER

02

劉家的小城故事：從西貢到木柵

——陳亮妤、曾祥宇

越共來了，往海上逃

小城故事多　充滿喜和樂
若是你到小城來　收穫特別多……

過去人們常說：「有華人的地方，就有鄧麗君的歌聲。」在劉有有這樣的越南華人家庭裡也是。一九七一年，鄧麗君第一次到西貢出席慈善義演。年僅十九歲的她，穿著一襲紫紅色的旗袍，眼波流轉，以抒情柔美的歌喉，撫慰征戰不息的南越。

劉有有那年才八歲，和外公外婆住在西貢旁的堤岸（西貢市第五郡）。當年因爲老人家想弄孫，又想家裡多點活潑氣息，年紀最長的她便在外公外婆的撫養下茁壯長大。每天，劉有有會等採藥人拿中藥材來店裡，聽外公的指示，把藥材塞進機器，磨成粉末。每天，她聞著藥材的味道，不特別想什麼。要等到多年後，她離開外公外婆家到了臺灣，才知道：藥材的味道，也是家的味道。

劉有有的父親在西貢經營布行，十五平方米大小的店內掛滿各式各樣的布。媽媽除了招呼客人，還要隨時帶上第三隻眼睛顧著店內的六個孩子。跟外公外婆住的劉有有，無法每天和弟弟妹妹在一起，所以總是和隔壁鄰居的孩子玩。只有過年過節的時候，爸爸媽媽才會帶著弟弟妹妹來看她。

農曆新年是劉有有每年最期待的日子。爸爸媽媽、外公外婆會帶著他們這些孩子到「阿婆廟」拜拜。「阿婆廟」又名「穗城會館天后宮」。「穗城」是中國廣東省廣州市的簡稱；「穗城會館」，自是當時旅居西貢的廣州華僑所建之會館，聯絡鄉誼、互相照應，同時也興學辦校、濟貧賑災。穗城會館天后宮在一七六〇年建館之初即供奉天后媽祖，當地人稱呼「阿婆」，是從越南語的發音而來。明末清初之際，不少中國商人乘帆船而來。彼時滿載貨物、海途顚險，爲感謝媽祖娘娘保佑，遂集資興建廟宇供奉。

劉家人到阿婆廟拜拜，可不只是拈香祈求平安而已。劉有有回憶，父母在「年三十晚」、「年初一」甚至會「卯起來」和其他信眾一起搶頭香，爲的就是能拔得頭籌、獲得好運。他們這些來越營商的華人，好不容易落地生根，莫不希望從此生意穩定、長長久久。因此除了阿婆廟的正殿供奉天后媽祖外，左側還有「關帝殿」，右側則是「財帛星君殿」，求財源外更重義氣、信守承諾、同鄉間互相照應。有有的父親劉勇，平時在商言商，脾氣懾人；在神明面前，也得順服地喃喃祝禱。

劉有有的外婆最慈藹，每每握著她的小手，一殿、一殿地虔誠敬拜。幼小的劉有有記得拜媽祖娘娘要講「求平安」，看到關老爺要說「求發財」，同時也不能忘了老天爺、土地公的照顧。參拜的最後，媽媽會寫下全家人的名字和願望，掛在塔香上，由廟方人員幫忙掛上廟梁。據說這些祝禱會持續到香燃燒完全爲止。

這漩渦狀的塔香一輪一輪往上纏繞，不知乘載多少願望的重量。在戰時，尤其沉重。

一九七五年四月二十八日，南北越內戰大勢已定，北越勢如破竹，直撲西貢。砲彈的轟隆聲和民眾的尖叫哭喊不絕於耳，駐紮的美軍將領搶在越共掌握大局前，搭乘直升機大規模撤離。西貢的越南華人開始變賣家產，帶著黃金搶買船位，直奔怒海。劉勇當時根本來不及收拾細軟，一聽到即將淪陷的消息，便緊抓著正好在身邊的三個孩子，往碼頭上的貨船擠去。

恐懼的感覺似曾相識。一九四九年，蔣介石帶著軍民撤離中國到臺灣，劉有有的父親劉勇也跟著離開家鄉廣東省廉江市，逃離共產黨的統治。他曾是國民黨軍的伙食兵，最後沒跟著部隊走而選擇到越南，徒步走到廣西，再循海路一路到西貢，孤身一人挺過漫漫長路。

誰知二十六年後，他又在越南遭遇共產黨。此一時彼一時，這回他多了妻小，一家九口的生路不比過去單身時容易維護。時間緊迫，劉勇匆匆留了口信託人轉告妻子李瑛，說他要帶著三個孩子往海上逃，走向全然的未知。

劉有信是劉有有的弟弟，劉勇的第四個孩子。他當時才十歲，只記得越共將至之時，西貢滿街都是拋錨的戰車、散落一地的槍枝與驚慌失措的人們。爸爸厚重的手掌緊拽著他與二姊的小手，三弟則被繫在懷中，瞪大著眼睛卻沒有哭。一行人在混亂中穿梭，直往碼頭而去。劉有信看著爸爸的腳步迅速堅定，似乎很明白要去哪兒。然而問他「我們要去哪裡呀？」他卻又回答不出。

目的地在哪，其實一點都不重要。爸爸要去哪，孩子就跟到哪，本是天經地義的事。劉有信疑惑的是：

街上爲何這麼亂？

爸爸爲何如此急促？

媽媽和其他兄弟姊妹爲何不跟來？

他們搭乘的船在公海上漂了好幾天。劉有信和孩子們只能在貨艙底下肩挨著肩坐著。烈日當空，既燥熱又擁擠。有人受不了海流的拍打暈船了，嘔吐了，味道之濃郁令人躲避不及，聞到的人也不禁乾嘔。

船上的伙食很少，無論大人小孩每天都餓肚子。劉有信的二姊怕兩個弟弟想家難過，不時逗著他倆玩，講講以前的趣事。父親劉勇大部分時間則沉默不語，無風無浪的夜晚尤其沉思得深。

有一天，一同和他們上船的鄰居陳叔那臺貴到不行的索尼收音機，突然收到訊號。大家精神一振，馬上豎起耳朵聽，既期待又緊張。

收音機傳出嘰喳雜音，沒有令人焦躁的消息，鄧麗君的歌聲緩緩流瀉：

椰風挑動銀浪　夕陽躲雲偷看

看見金色的沙灘上　獨坐一位美麗的姑娘

眼睛星樣燦爛　眉似新月彎彎
穿著一件紅色的紗籠　紅得像她嘴上的檳榔

她在輕嘆　嘆那無情郎
想到淚汪汪　濕了紅色紗籠白衣裳

唉呀　南海姑娘　何必太過悲傷
年紀輕輕只十六半　舊夢失去有新侶作伴

一九七二年，臺灣發行的〈南海姑娘〉就這麼飄洋過海，在船底下唱著。大家靜靜地聽，沉默無語。劉有信看見爸爸劉勇緊繃的神情鬆懈下來，彷佛在一瞬間看見父親微微一笑。

這首歌歌詞裡的南洋風情，是劉勇領略過的，然而此刻船上的男人們聽著歌，心裡想的卻不是愛情。

鄧麗君富有情感的歌聲，激起許多人心底最深層的寂寞和悲哀，交織著戰爭伴隨的無奈辛酸。她的歌聲圓潤柔和、甜美而不膩，融化了這群剛硬的身軀，撫慰而療癒。

忽然，歌聲變得清晰，原來是作爲背景音的隆隆引擎聲消失了。航行近一週，大家早已習慣引擎的轟鳴，突然來這麼一下，還眞不習慣。原來，引擎停了，船壞了。

所幸這時他們已經到了菲律賓外海。沒過多久，一行人便被駐紮在蘇比克灣的美軍發現並救起。

「在南海飄了那麼久，好不容易在金色沙灘著陸。可惜沒瞧見穿紅色紗籠的姑娘，倒碰上一幫虎背熊腰的美國大兵。」獲救的衆人踏上久違的陸地，吃了像樣的食物，緊繃的神經緩和不少，也有心情開玩笑了。

然而輕鬆的日子並沒有持續太久，衆人花了幾個月修好船隻，馬上又再次收拾行囊，前往第三國尋求庇護。美國軍官詢問他們接下來要去哪？是去美國、法國，還是臺灣？劉勇想到自己在臺灣有老相識，便決定帶著孩子們前往臺灣。

一行人再次踏上南海，筆直駛向北方。一開始無風無雨，誰知在抵達高雄港前夕卻遇上秋颱。颱風雖已往北遠去，卻夾帶強烈的西南氣流。船隻擱淺在沙灘上，衆人無奈，只能狼狽地跳船游上岸。

倉庫

在一千七百公里外的越南，來不及離開的劉有有，和外公外婆、媽媽以及三弟、六妹、七妹，掙扎地在共產黨眼皮底下過日子。沒有幾天，他們家經營的洪興布莊被充公了。越共接收店鋪的當天，公安要求劉有有的母親李瑛重新丈量幾百匹布，清點完後再一匹匹放上軍車。

幾位官員沒收完布行，竟也想趁勢沒收住家。五年前，劉有有家還只是一間破舊的磚房，後來做生意攢了些積蓄，孩子也漸漸長大，劉爸爸與媽媽這才著手打掉舊屋，蓋了三層樓的水泥房。公安說，房子登記在劉勇名下，劉勇失蹤了，房子沒了主人，當然該充公。「沒有房子，難道讓我們一家流落街頭嗎？」李瑛心急如焚，趕緊找了劉勇的老相識，請來當地有名望的村長幫忙關說，這才暫時打消官府的覬覦之心。

布店沒了，數十年的心血付之一炬，然而，查封私營商戶只是共產黨消除資本主義的第一步。接下來，他們把華人資本家及其眷屬遣至「新經濟區」進行勞改。李瑛很快被編進婦女團體，每隔一段時間就要在指定的地點集合，坐上軍車被載往鄉下「拓荒」，在貧瘠潮濕的沼澤地種花生、種稻米。

不僅大人如此，就連孩童到了一定年齡也會被抓去做工。對共產黨來說，不管男人女人，只要是年輕人，就是勞動力。劉有有當時已經十五歲了，卻幸運逃過一劫，因爲每次公安來盤查時她都機警地躲起來，加上外婆打馬虎眼的功夫了得，公安甚至不知道劉家還有這個大女兒。

可惜人算不如天算，運氣再旺，終有用罄的一天。

一個平常的下午，劉有有代替年邁的外婆到「新街市場」賣雜貨，好多賺一點吃飯錢。

市場上人聲鼎沸，小販吆喝、顧客講價，一來一往之間，譜出生氣蓬勃的市井進行曲。在這裡，人們得以暫時忘卻戰爭、壓迫與貧困，將注意力聚焦於付出與獲得的喜悅。

突然一陣急促的廣播聲中斷了眾人的行進。倏忽間，空氣凍結了。人群不安攢動，如超載負荷的黑洞，朝市場中心聚集、塌縮。劉有有深陷人海，依稀從群眾的竊竊私語了解到自己的處境——公安來突襲檢查了。

身著土灰色制服，面無表情的公安，阻斷了整條街的去路。

「買東西的，可以離開；賣東西的，留下來。」

他們一邊宣布，一邊走進人群。

遠遠地，劉有有瞥見這些男人的面容——與自己一樣的黑髮、黑瞳、黃皮膚，有一個甚至與三年不見的父親有幾分神似。然而，他們的眼神是她從未在父親臉上看過的——冰冷又似火燒，灼得面前的小民們瑟瑟發抖。不時，冰火同源的眼神閃過一絲嘲諷；緊接著，某個來賣東西的「小資產階級」就被另外兩個公安架起，跌跌撞撞地拽出人群。劉有有低頭看了看自己手上的小提袋，裡面放著尚未賣出的小古董與鍋碗瓢盆。就這點窮酸貨，應該不打緊吧？

才怪。

劉有有瘦小的身軀被輕而易舉的拽起，丟進又黑又深的軍車。

她和一眾「小資產階級」肩並肩地窩在車廂裡。也不知車子開了多久，只知道這段時間遠得像是足以遠離村子數天的腳程。

我會被下放勞改嗎？還是要遭受酷刑？抑或是乾脆的被推到大坑前槍斃？各種想像畫面繪聲繪影地在劉有有的腦海裡上演。車子在碎石路上重重顛簸了一下，旁邊一個老頭順勢咳了一聲，把她從惡夢中驚醒。她冷靜下來，抬眼掃了掃眼前的景象。昏暗中，隱約能識別出「車友」們的性別與年齡，有三個大叔、五個大媽；一個乾癟的影子在車廂另一頭，看不清楚，但似乎是個女孩，說不定年紀比自己還小。

剛剛咳嗽的老頭不時擤著鼻子。聽到那沙啞帶痰聲的喉音，劉有有好奇，這麼大歲數的人，爲什麼還要撐著老軀出來做買賣？有什麼事不能叫年輕的子孫輩代勞，就像她一樣呢？

也許，他的子孫輩已經不在身邊了吧？

車子終於停了。公安命令衆車友下車，趕著他們走進一個幽深的倉庫。看來車友要變室友了。劉有有正這麼想著，前方黑暗處傳出一絲人聲。原來，這兒早已關了不少前輩。

等到適應倉庫的昏暗後，劉有有定睛一看，這才驚覺有許多熟面孔。

劉有有的家畢竟從商，同行之間總會打照面。這些有頭有臉的大老闆，過去的身分地位跟劉家相比，高過不只一個檔次，如今卻跟她共處一室，吃喝拉撒睡都窩在一塊，不得不互相照應。

接下來的日子在沉悶中度過。從縫隙的透光，至少能分辨日夜。但話又說回來，一群人被囚禁在倉庫裡，什麼事也不能做。白天或黑夜，對他們來說又有何意義？

白晝來臨時，劉有有期待黑夜快來；黑夜落幕時，她則盼望快點天光。只希望時間走得快點，好讓她能早點脫離這個令人窒息的牢籠，不計方式與生死。

直到第四天，李瑛才透過認識的人打聽到女兒劉有有被關的地點。不知花了多少時間才跋涉前來，好不容易見到面，兩人也無法多說話，她只能遞給女兒一條法國麵包，裡面塞一張字條，叫她不要害怕。

「買東西的，可以離開；賣東西的，留下來。」「把袋子打開。」截至目前爲止，劉有有只聽公安講過這兩句話。自從囚禁生活開始，他們就只在提供飯食的時候出現，時不時領來新室友，帶走舊室友。比起嘴巴，他們似乎更擅長用眼神或下巴傳遞訊息。

越來越多舊室友離開了。慶幸的是，倉庫外等著他們的不是刑場，而是眼眶泛淚的家人。他們手裡拿著賄賂品，腳底因奔波而磨破了皮。臨走時，有些人難掩興奮，有些人目光呆滯，有些人氣憤難平。

離開是有條件的。公安不留人，只留人身上的貨物和鈔票。

有一回，劉有有眼睜睜看著一個獲釋的大老闆，把口袋裡的鈔票撕成碎紙，徒手使勁的刨開地面，能挖多深就挖多深。碎紙和著指甲碎片和血漬，消失在深深的泥土中，寧可錢財葬送大地，也不願讓公安收走。

獲釋的那天終於到來。劉有有緊抱住來接她的媽媽。也不知是委屈還是放心，兩人都哭了。手牽著手，母女倆花了約三天的時間，慢慢走回家。

事後她才知道，度日如年的牢獄生涯，其實也就一個星期的光景而已。

那個倉庫在她來之前，究竟待過多少舊人？她走之後，又有多少新人會進去？劉有有不清楚，也不願細想。唯一肯定的是：她出來了，而且絕不想再進去第二次。

到臺灣去

劉勇和三個孩子抵達臺灣，從高雄上岸後，被接運到「九曲堂接待站」，在此待了一兩個月時間。有美、有信、有基三姊弟被迫與父親分開，送往「中國大陸災胞救濟總會」（簡稱救總）的兒童服務中心，接受免費的團體生活與國民教育，只有假日時間才能回家。

骨肉分離，乍聽殘忍，但對亟欲適應臺灣新生活、努力攢錢安家的家長而言，沒有小孩要操心，反而是件好事。這段時間，劉勇除了四處打零工，也在西門町的中華商場天橋上擺地攤。生活有了秩序，當務之急當然就是把最牽掛的，在越南生死未卜的家人接過來。爲此，劉勇開始申請落落長的擔保文件，而李瑛也在分離一年後，終於盼到丈夫與孩子平安在臺灣的消息。

李瑛低調準備移民文件等越南政府審核，約莫一年過後，雙方政府與紅十字會終於達成共識，留在越南的他們終於依循「仁德專案」，以依親方式來臺。

離開越南的那天，李瑛起了大早，等待劉有有從娘家前來會合，接著攔了輛電動三輪車，一行人就往胡志明市的新山機場而去。他們入境泰國曼谷，再轉機飛臺灣。

睽違三年，劉家人終於在臺北松山機場重逢了。

越南那幢夫妻倆拚命工作才建成的三層樓水泥房的鑰匙，如今握在公安手上。他們再也沒有可以回去的家了。

當時，臺北市政府爲了解決經濟貧困人口的居住問題，將木柵馬明潭公墓遷移，興建全臺北最大的平價住宅——「安康社區」，來臺的越棉寮難僑若在臺沒有地方落腳，也會安置在此。社區居民有一部分是越南華僑，還有單身榮民、低收入戶、身心障礙者也被安置於此。像前一個故事的鳳玲奶奶一樣，來臺不久，劉家很快也在安康社區申請到住處。

雖然初來乍到，不過劉勇在木柵混跡三年，面子廣，人脈足；安康社區三條巷子，幾百戶人家，幾乎每家都能稱兄道弟。而且身處人生地不熟的新環境，移民間的羈絆總是特別強韌。當時的「歸僑協會」如雨後春筍般四處林立。透過協會，移民們得以串聯感情，互相照應。劉勇既是廣東華僑，也是越南華僑，「廣東同鄉會」與「越南歸僑協會」皆有參加，可謂左右逢源。每逢新春過節、重陽節、長輩慶生，就是會員團聚的最好時機。一群人搭著遊覽車四處走，小小的臺灣地圖在腦海成形，異地開始有了家國的感覺。

西貢的白鐵市場曾是個熱鬧的市鎮，也是「洪興布莊」——劉勇昔日風光所在。來到臺灣後，他既無店鋪也無本錢，只能從小本生意做起，在中華商場的天橋上賣過成衣、皮帶、領帶、玩具，還向朋友學做花生糖。作爲平民小吃，黑漆漆、硬梆梆的花生糖不算什麼大菜，又費時費工，每天都得起個大清早炒糖，就算屋外的雨聲再大，也不敵瓦斯的轟鳴與鍋鏟的碰撞。

劉勇每天從木柵跑西門町，路程還是遠了點。幸好隨著一波又一波的移民，木柵本地的經濟開始有了起色。起初安康社區附近只有一間光明市場，攤位供不應求，後又闢建木柵及木新市場。在木新市場二樓掙得一個成衣攤後，劉勇終於不必再爲舟車勞頓所苦，只是美中不足的是二樓的生意比一樓的攤位差些。

至於一家之母李瑛，跟同時代的臺灣媽媽一樣，除了當家管，也身兼家庭代工、幫傭、保母多職。她喜歡園藝，一家人住在三樓，緊鄰頂樓陽臺，她便在那造了一個空中花園，種了近百盆花草，以及辣椒、番茄等蔬果。萬紫千紅的陽臺，總能為疲憊的心注入新的活力。鄰居看得賞心悅目，倒也樂見其成。

當劉家父母忙於生計之時，孩子們也埋首於華僑中學的課業與社交活動。當時華僑中學有來自世界各地的同儕，活像個小聯合國。這些來自越南、高棉、寮國、緬甸、韓國、蒙古、新疆、泰國、馬來西亞的學生，部分學生是因家鄉「赤化」來臺。由於都是華僑，用廣東話或剛學會的國語（北京話）溝通，彼此毫無代溝。

哪裡是家鄉？

一九八七年臺灣解嚴，開放海峽兩岸探親，劉勇迫不及待回到廣東省廉江市老家，此後每五、六年回去一次，直到九十三歲，身體禁不住旅途勞頓為止。對他而言，那是他的祖國，是兄弟姊妹的居所，也是永遠的故鄉。

二〇〇二年，劉勇一家以觀光客的身分重新踏上越南的土地。如今，越南的地圖上已經不見「西貢」，但多了個「胡志明市」。燦爛的陽光、擁擠的人群、熟悉的巷弄與街角……當臺灣出生的孫女們興奮於眼前的異國風情時，劉勇卻感到既懷念又陌生。懷念的是，他泛黃記憶中的街頭巷尾；陌生的是，多了些拔地而起的高樓大廈，以及店面牆上張貼的新國旗與胡志明肖像。

越南胡志明市與臺灣木柵，哪個是異地，哪個是家鄉？

二〇〇三年，遷徙多次的劉家再次移動，搬離安康社區，在不遠處的「幸福社區」落腳，直至今日。

我們再度拜訪劉勇時，伴著清晨的雨聲，一百多歲的他正閒坐在自家客廳。電視播著千篇一律的新聞，魚缸裡的金魚慵懶游動，牆上掛著泛黃的全家福照片。即使有重聽，需要家人的攙扶才能上下樓梯；但只要拐杖在手，他就堅持每日去公園散步，或去歸僑協會串門子，不畏颳風下雨甚至肺炎。不過今天不同，他打算留在家，坐在沙發上聽聽歌、打個盹。

劉勇老了，劉有有也老了，成了劉阿姨。十幾年過去，女兒腦海裡的越南景象逐漸模糊，不過她還記得那滾滾的西貢河、樸素的市容與熱鬧的商街，記得家裡曾有一間布店，曾有一幢三層樓的水泥房。

因為戰亂，劉家人不得不習慣漂泊。當他們年歲漸長，即便習於「離別」，卻也不得不適應無法再相見的「死別」。

有賴科技進步，即便是逝去的種種，也能留下些斷簡殘篇。李瑛走了，但相片留住了她的容貌；鄧麗君走了，但唱片留住了她的歌聲：

小城故事多　充滿喜和樂
若是你到小城來　收穫特別多
看似一幅畫　聽像一首歌
人生境界真善美　這裡已包括
談的談　說的說　小城故事真不錯
請你的朋友一起來　小城來做客
談的談　說的說　小城故事真不錯
請你的朋友一起來　小城來做客

小城，小城，到底哪裡是小城？是《小城故事》電影裡的嘉義鄉村？是西貢、堤岸、廣東廉江？還是現在這個充滿雨水與汗水的木柵呢？

鄧麗君已成絕響，劉家的小城故事仍在傳唱。

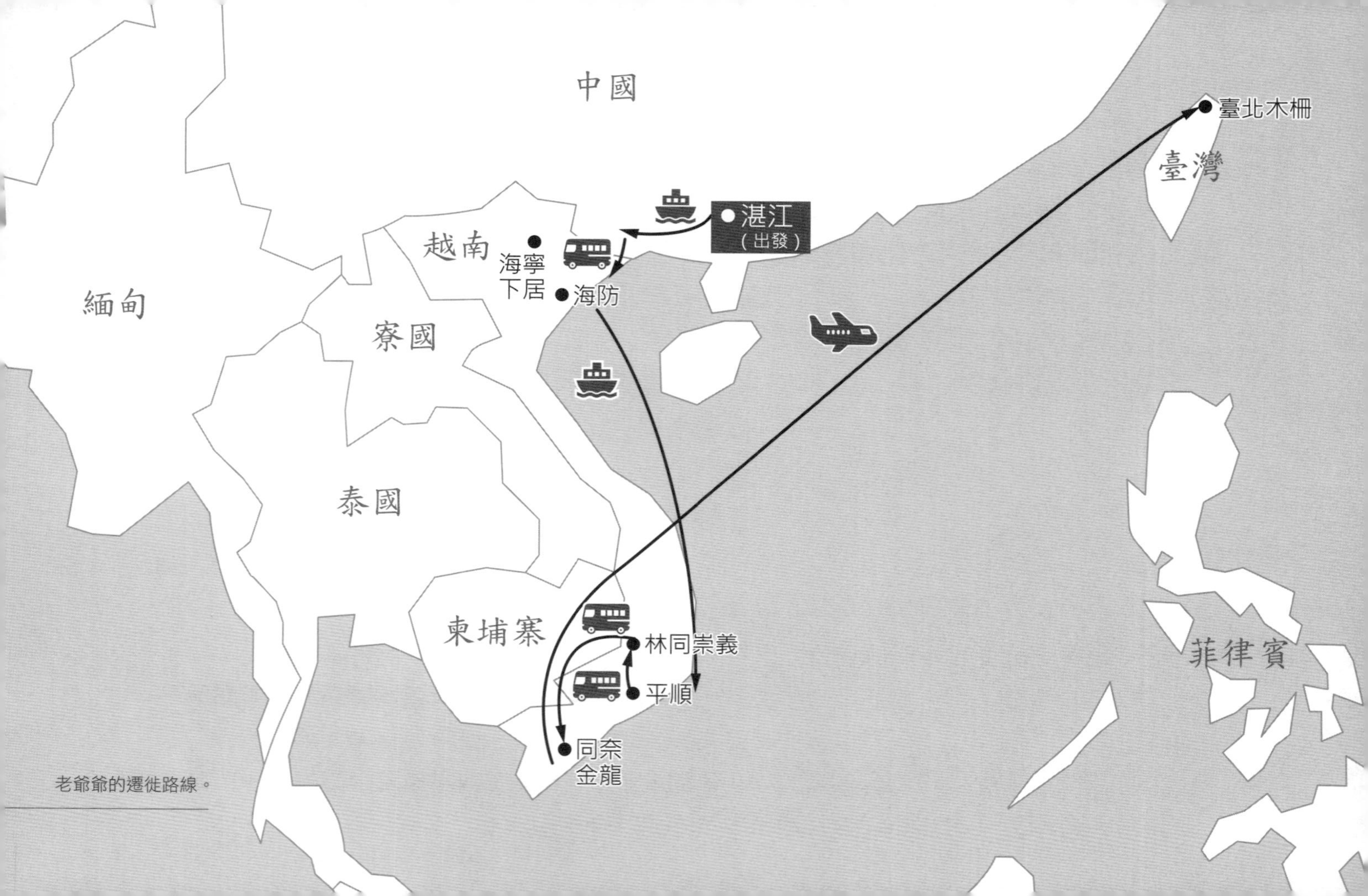

老爺爺的遷徙路線。

CHAPTER

03

說越南話的米線店老闆：跨越世紀的遷移

——徐俊文

不是臺灣人的老爺爺

五月分是臺北的梅雨季，濕漉漉的空氣夾雜在都市人的塵囂及繁忙中，形成了臺北一股帶點霉味的氣息。來自太平洋上的水氣就像是生活在這座島上的人，有的從淡水河口登陸上岸，有的經過臺北盆地四周的高山，沉降到這塊充滿複雜人文以及交錯歷史的盆地之上。位在臺北市東南邊陲的文山區，或許是因爲地形的關係，特別容易攔截下這些水分，變成一場場淅淅瀝瀝的大雨。

撐著雨傘走在木柵的興隆路上，經過一戶戶停滿機車的騎樓，綠色屋簷的水果攤、黃色招牌的彩券行、開在公車站牌前的飲料店，還有熙熙攘攘的便當店，再尋常不過的臺北街道上，除了機車轟轟的引擎聲、雨水滴到鐵皮隔板上答答的聲音，時不時會聽到幾句你可能不太熟悉的語言。那應該是廣東話，我想。因爲木柵這邊，住了一群來自越南的華僑。

興隆路的小巷子裡開了一家米線店，紫色的招牌從二樓的陽臺上像是慢慢伸出一樣，上面用越南語寫了「Bún bò Huế（順化米線）」，小小的，並不是很明顯。

順化米線來自於越南的古皇都——順化，一座坐落在長條形越南正中間的古城。很久以前，這些住在皇城中的居民發明了這道酸酸辣辣的料理，他們用香茅、牛肉骨熬出帶著淡淡檸檬香的肉骨湯，加入牛腱肉、薑、青蔥還有一點的魚露跟糖來提出湯頭的鮮甜，最後連同辣椒、洋蔥、九層塔、豆芽、香蕉花、蒜酥，淋在剛汆過的白米粉上。融合了酸、甜、鹹、鮮還有強烈辣味的順化米線很快地傳遍了整個越南。很快地，也跟著這些越南華僑來到了臺灣。但這間店的順化米線卻有點不同於越南的味道，更多一點的是廣式雲吞麵的感覺。

小店裡的客人並不多，三三兩兩的，看起來比較多是附近的鄰居。與其說是一家越南餐廳，從一進門就能看到大大的歡迎光臨，以及牆上掛滿的山水畫，這間店讓人反而有種身在廣式茶餐廳的錯覺。

我塡好菜單，交給正在收拾餐桌的老闆。老闆是一個高大、充滿活力跟熱情，滿臉笑容，笑起來時眼睛會瞇成一條線的老爺爺。他喜歡穿格子襯衫，有時候還會搭配一件短背心，常常坐在他專屬的位子上跟客人聊天。

爺爺聲音宏亮地替我跟廚房點了餐，聽見那特殊的口音，我不禁好奇地問道：「爺爺，你們是哪裡人啊？」不過爺爺沒聽見問話，此時旁邊一位中年、體格壯碩、正在吃飯的計程車司機，用臺語對我說：「你講國語伊聽無啦，伊毋是臺灣人。」接著放下手中的烤肉飯，加大音量叫了幾聲，讓老爺爺能夠注意到我們，然後又補充說明道：「伊是越南來的。」

聽見老先生也是來自越南，我好奇地用越南語問：「Bác ơi, bác là người Việt Nam hả?」（爺爺，你是越南人啊？）

老先生起初聽見他會越南話，嚇了一跳，很快回答：「Tôi? Tôi không phải. Tôi là người Hoa.」（我？我不是，我是華人。）

「你是華人，那你怎麼會說越南話呢？」

「我啊……」

一九二六年，廣州灣

燈草是一種中藥，它的藥性偏寒，可以用來治發燒。除了能夠當作中藥的藥材之外，過去買不起棉線當作燈芯的人家，也會到水邊採些燈草，將燈草的莖搓成燈芯後拿來做成油燈的引子，這也是燈草之名的由來。

燈草長得像是一叢放大的松針，蒼翠的莖葉肆意地向外橫生在潮濕的河岸邊，到了初夏，纖細的枝葉梢會結出一朵朵鵝黃色的花穗。它不長在海邊，往往生長在稍微有一點海拔高度的地方。老爺爺的故鄉，就有條潺潺流動、長滿燈草的河流，叫做廣州灣，過去這裡也被叫做麻斜海。

浪濤上，一艘艘洋人的鐵船載著從印度支那半島運來的棉花、鴉片，緩緩駛進麻斜海。這些來自法國的商船，沿著中南半島的海岸駛過北部灣，進入這個被幾十座的小島點綴的海灣。港口旁是逐漸發展起來的白雅特城（Fort Bayard）。短短的二十幾年裡，這裡蓋了教堂、燈塔，引進了公共汽車，整座城市的氛圍跟鄰近的幾座城市都不太一樣，這裡是法國人剛從大清國手上拿到的土地。清光緒二十五年（一八九九年），法國與清政府簽訂的《中法互訂廣州灣租界條約》，廣州灣成爲法蘭西第三共和國的租借地。除了通商之外，法國也希望能夠在這塊土地上建立一個新的海軍基地。而持續了四百多年的大清帝國也在幾年後被中華民國取代。

一九二六年，爺爺出生在廣州灣的湛江，一個靠海的小城鎮裡。爺爺的爸爸在法國軍隊裡工作，也算是替一家人找到了個依靠，有了軍餉的支持，原本不太溫飽的小日子倒也還能夠過下去。當時爺爺家裡是窮，卻也還不是最窮的。在廣州灣這塊土地上，有無數張祈求溫飽的黃口，然而廣州灣的田地並不是良田，不是石頭就是沙。這樣貧瘠的土地上種什麼都很難活，即便是種了產量比較大、比較好生長的地瓜也不夠人吃。眾人為了溫飽已竭盡全力，更別說攢些積蓄了。

雖然刻苦，但該區再往大山裡走，一些遙遠的農村區域有些年輕少女，即便到了十五、十六歲，家裡人也沒能替她們弄條褲子穿，以至於外來客造訪時，少女只得躲在房裡不敢出來。雖然艱苦，但大家也對這樣的農村環境習以為常。相較之下，爺爺出生的沿海地區食物多了些，因為沿海可以捕魚，還有一些可做貿易的城市。

在棉線還沒那麼普遍被拿來當燈芯的時候，燈草做成的燈芯是不錯的火引子，把蒼綠的草莖割下，再搓成細長，放在裝了花生油的小筒裡，就可以當作夜裡照明的燈。二十世紀前半的中國，在普通人家只能用燈草芯點燈火照明的環境裡，爺爺的家和別人好像並沒有什麼不一樣，只需一枝燈草和一盅花生油，就能提供僅求平穩生活的家庭些許亮光。

但在同一個世界裡，一樣的廣州灣上，燈草不只是當油燈的燈芯來當屋舍光源，它在另外一個地方發揮功用，就是鴉片館。

昏暗的大煙館裡，空氣裡瀰漫著一股從生鴉片裡散發出而揮之不去的騷臭味，椅凳上及床上或躺臥著，或坐著一個個剛吸完大煙的客人。加熱過後的鴉片倒也不是那麼難聞，反而有點甜甜的香氣，但就是這些香甜讓他們個個恍惚地躺在這至少兩個小時。

「老細，火！」煙館裡有客人向老闆叫了一聲。

「嚟咗！」

夥計熟練地將撿來的燈草捻成一小撮一小撮，點了火後遞到客人面前。躺在床上的客人舉起纖細的手，從盒罐中用鐵籤勾出一小球鴉片膏放進煙槍中，湊近夥計端來的煙燈，在微微的燈火下，鴉片膏逐漸融成煙，味道從騷臭轉爲一股甘甜，然後再迅速被客人吸入。

當時，人們並不覺得鴉片可怕，還管它叫洋藥、大煙或是福壽膏。有錢人家，特別是地主，會支持和鼓勵自己的兒子去吸鴉片。對地主來說，與其看見家裡的子孫在賭博或玩女人敗光家產，不如讓他們去吸鴉片，至少吸鴉片花的錢沒有賭博嫖妓來得多。但不只有錢的人吸鴉片，窮人也會吸。錢多的時候，他們就多吸一點，錢少的時候，就少吸一點，要是再沒錢，就去搶、去偷。在爺爺少年時的記憶中，廣州灣就是這樣一個鴉片氾濫的地方。

一九四一年，正值二次世界大戰。在日軍加緊南進的腳步下，日本脅迫法屬印度支那總督簽訂了《廣州灣共同防衛協定》，允許日本派出海軍商務委員會常駐廣州灣，監督港口來往物資。

一九四三年，廣州灣被大日本帝國占領，那時的爺爺除了偶爾跟日本軍人做做小生意外，也會跟著爸爸到越南的海寧（Hải Ninh）找一位到南洋發展的叔叔。

一九四五年，越南儂人的下居

河檜（Hà Cối）是中越邊境上的小市鎮，屬於海寧省，但爺爺習慣用粵語發音，寫成「下居」。這裡離現在越南廣寧省的芒街口岸（Cửa khẩu Móng Cái）只有三十幾公里遠。國界上，由一條淺淺的北崙河劃分出中越兩國，而河上一條跨越兩國的國際橋，連接著兩國的國門。爺爺的叔叔就住在下居，靠著農耕維生。

一九四五年，二次世界大戰結束後，法國臨時政府決定將廣州灣交還給中華民國政府，廣州灣也因此掀起了一陣移民潮。

「人們就是跟隨環境啊。」坐在我面前的爺爺起了身，從櫃檯上拿了一張客人點過的菜單和一枝紅筆，在菜單的背面寫了「環境」兩個字。

由於法國軍隊不能繼續駐紮在廣州灣，法軍決定將軍人撤往越南，爺爺一家三口人於是跟著附近的鄰居街坊們一同乘上駛往越南的帆船。爺爺說，那是一艘能夠搭載三百多人的三桅大帆船，是一個叫做陳學談的富商買的。

陳學談（一八八二—一九六六）可以說是當時廣州灣的傳奇人物。

「當時想去越南的人多啊，」爺爺說，「但並不是每個人都能搭上法國軍的軍艦。」於是陳學談用上了自己經商賺來的積蓄，買了木製的三桅大帆船，一次又一次的送湛江人到越南。爺爺說當時時局亂是亂，但大家好像不是去逃難的，更像約好一起移民。陳學談自己並沒有跟著上船，反而留在廣州灣，就在湛江解放前夕，他移居香港直至終老。

爺爺搭的帆船順著廣東沿海一路向西邊駛去，不幸的是，在行經北海的時候，他的爸爸染上了紅絲瘡，沒幾天就病逝了。抵達越南時，一家三口只剩下寡母孤子。

後來，爺爺跟媽媽一起投靠住在下居的叔叔。當時下居雖然是法屬印度支那的領地，住的卻是一群「儂人」，他們由一位叫做黃亞生的客家人帶領。儂人，其實就是一群客家人跟講粵語的廣府人。爺爺說他們又分爲：艾人、廣府人、客家人、黎人、蜑家人、船人跟村人，而被統稱爲「儂人」（người Nùng），只是爲了跟法國人「應酬」，把自己的職業「農人」當作是民族身分，這樣也避免了自己「中國人」的身分在越南的土地上顯得太格格不入。後來，法國人還讓他們成立了一個少數民族自治政權，稱爲「儂族自治區」。越南新政府成立後，許多儂人登記爲越南少數民族中的「華族」（người Hoa）跟「艾族」（người Ngái），正式成爲越南社會主義共和國的一分子。

下居的土地並沒有比廣州灣肥沃，因爲買不起肥料，所以爺爺他們遷居後也不常有白飯吃，除非是等到過年過節。平時，他們常吃淸粥，日子久了，竟然被鄰近的越南人喊爲「吃粥人」。

當時另一個很珍貴的食材是豬油，人們到市場買豬肉，總是挑選肥肉最多的肉。要是有人參加婚禮能拿到一塊肥肉，一定會好好地用葉子包裹起來，帶回家珍惜著用。

「大家平常很少吃肥肉，所以一吃肥肉就拉肚子。」爺爺笑著說。

因爲太貧窮，下居的年輕人只能去當兵，拿軍餉養家。不只是下居，當時整個海寧的情況就是如此，衆人將就著，日子也就過了。兩年後，爺爺爲了工作離開下居，來到北越當時最大的海港城市——海防（Hải Phòng）。

一九四六年二月，法國向越南民主共和國宣戰，第一次印度支那戰爭爆發。爺爺抵達的海防，已經再次被法國人從胡志明帶領的越盟軍手中奪回。爺爺記得當時海防有一條很大的水管，是法國人從海寧引水到海防來的。但法國和越盟兩邊的戰爭破壞了這條管線，斷絕了繁華大城市的生命水。整座海防市頓時只剩下一口受到家庭廢水汙染的水源，必須放明礬消毒和過濾才能使用，有時候水裡甚至漂著排泄物。

一九四九年，家人幫爺爺安排了一樁婚事，對方是芒街人，也是華僑。他們沒有辦婚宴，很快就又都回到海防工作。

一九五四年，法國人跟美國人的自由之路

一九五四年五月，越南西北邊陲的奠邊府傳來越盟軍的捷報，法國軍戰敗，第一次印度支那戰爭告終。同年，日內瓦會議決議法軍撤出越南；越南以北緯十七度線劃分爲南北越，分別爲共產勢力的「越南民主共和國」及保皇派的「越南國」。法國和美國也

隨後發起了自由之路行動（Operation Passage to Freedom），帶著約七十到一百萬居住在越南北部的天主教徒和地主、商人等平民移往南方，以逃離越南勞動黨主導的共產政權。這裡面還包括約四萬五千名來自海寧的儂族軍隊，以及兩千餘名來自奠邊府的苗族、傣族傭兵。

爺爺一家再次隨法國軍隊，從海防上船移民到越南南部，他們在西貢附近的頭頓港上岸，跟著軍隊向北走，卻不知道最後會停在什麼地方，因爲軍隊住在哪裡，他們就住在哪裡，而這一切都還得聽黃亞生的分配。最後他們在平順省的潼毛落腳，這個地方最後成爲了越南最大的儂人根據地。

在逃難的路上，爺爺的一個小孩不幸病死了。

雖說逃難很辛苦，但選擇留下不見得比較好，畢竟當你熟悉的人都離開之後，誰也不能保證待在人去樓空的地方不會受到其他外來人的欺負。

在平順，爺爺做起小生意。他用僅存的積蓄蓋了間用茅草和木料搭起來的房屋，然後進些蔬菜水果和雜貨販賣，客戶主要是移民和軍隊的人。一開始倒也挺順利，但法國退兵離開後，軍隊解散，人口變少，他們的生意也受到了影響，逐漸經營不下去了。

爺爺再次走上遷徙之路。

這次他聽從朋友的意見，離開生活越發艱困的平順，搬到崇義。

一九六一年，「志記」雜貨店

崇義位在越南中部海拔近一千公尺的高山上，靠近現在的觀光勝地——大叻。法屬時期，這裡被法國人當成避暑的地方；現在崇義已改叫德重。爺爺說剛到崇義的時候，天氣很凍人的。儘管是夏天，氣溫大概也只有十來度。因爲當時該地還沒有什麼人煙，筆直的杉樹肆意地在四周長著，山霧就流淌在森林之間。後來一群跟著法軍南下的傣族人也來到了這裡，兩批人馬共同合作下，這塊地才逐漸變成一塊塊肥沃的田地。後來人多了，氣溫也跟著溫暖許多。

後來，爺爺在崇義租了店面，開了一間叫做「志記」的商店，平時賣些雜貨、書報。

「我的店是崇義第一間掛上招牌營業的店。」爺爺說。

剛到崇義時，所有的店都沒有店號。「志記」掛牌營業時，轉瞬成爲街上的焦點。爺爺的店面是附近最大間的，店租貴了些，但他覺得店就是要開大間一點，才能夠吸引顧客。只要是本地居民的需求，爺爺都會想辦法供應，當地人要的貨，爺爺也都會想辦法訂到。如果在本省沒有，爺爺就會回到平順或是從大叻調，或者親自南下西貢補貨。

後來爺爺還和一些朋友辦了一間華文學校，名叫「義德」，讓華人的小孩也能夠有機會學習中文。人多了之後，又出現了第二所學校，叫做「剛峰」。再之後，兩間學校合併，變成「中山中學」。

在南越解放之前，南越的首都西貢是越南最繁華的城市。當時，華人主導了越南南部的經濟，例如在西貢河的西岸，今天胡志明市第五郡西部和第六郡部分區域，一個過去被稱爲是堤岸的地方，就居住了超過七十萬的華人。在爺爺的記憶中，越南共和國政府（也就是南越政府）對華人很有偏見。華人要申請進出口的手續總是會被百般拖延，越南京族人卻很容易通過，也因此華人的貨物要進出口時都會默默地向京族人購買憑證。

一九七五年，已經持續十九年的越戰進入到尾聲，美軍全數撤離越南，兌現尼克森提出的「越戰越南化」。四月，來自北越的越南人民軍攻占大叻，進逼南越首都。爺爺跟著鄰居逃離崇義，帶著一家向南邊躲避戰火。西貢易幟前夕，爺爺一家搭上韓國大使館的撤僑平頭艦，漂流到越南西南邊陲的富國島。四月二十九日，美軍組織了有史以來最大規模的直升機撤僑行動「常風行動」（Operation Frequent Wind）。四月三十日上午，越南人民軍的T—54坦克車撞破了南越總統府的大門，結束了越戰，越南共和國也宣告滅亡。一個月後，爺爺又回到了崇義。

解放後，西貢改名爲胡志明市，北越政權在南越建立了越南南方共和國（Cộng Hòa Miền Nam Việt Nam）。民衆的生計都因爲戰爭還有政權更替而停頓下來，銀行財產也即時凍結，收歸國有，改制發行新貨幣——解放盾。在這樣的政策下，有超過一百五十萬的越南人民，選擇搭上小船出逃，成爲國際難民。因爲局勢混亂，越軍在占領地發出不同顏色的身分證並嚴格管控人民的活動範圍。爺爺記得：從這個邑（村）到那個邑（村）拿一公斤的米，會被抓；隨意運送貨品，會被抓；到胡志明市買油回來賣，會被抓；生意人只在一個地方交稅、到外地做生意，也會被抓。

在朋友的介紹下，爺爺在一九七八年搬到同奈省的金龍。聽說金龍土地肥沃，果不其然，一棵木瓜樹可以長出十幾公斤的木瓜，香蕉成熟時，每根香蕉都像人的手臂一樣粗，作物也不需施肥。爺爺還說服了十幾個家庭一同到金龍墾荒拓地，開始嘗試種植咖啡。可是咖啡澆水要買特別的機器，再加上農藥、人工、肥料，販售的價錢也不穩定，花錢又費力。

金龍這裡不像崇義有生意可做，因爲人少，當地的消費根本支撐不起一家店鋪。不過這裡離城市比較遠，地處偏僻且人跡罕至，氛圍也沒城市裡那麼緊張。爺爺一家便在這度過了一段辛苦卻平靜的生活。

一九九〇年，移民臺灣

一九九〇年四月一日，一架準備開往泰國的客機從胡志明市的新山機場起飛。坐在飛機上，爺爺緊握著朋友幫忙弄到的飛機票，這是他花了一千多美金，透過一位在崇義認識的朋友弄到的。

雖然知道自己終於能夠到一個比較安心的落腳地，但爺爺還是忍不住緊張地發了個冷顫。一個多小時後，飛機順利降落在曼谷國際機場的跑道上，窗外璀璨的燈火照進座艙，空姐輕輕地提醒乘客，我們已經抵達泰國。下一站，他們要前往的是臺灣。

爺爺不是個擅長記時間的人，但他卻特別記得自己是在一九九〇年四月一日上的飛機。一九九〇年四月二日，與前面兩個章節的主角一樣，爺爺一家透過「仁德專案」，以越南難僑的身分抵達臺灣。

一九九〇年代，被稱爲是亞洲四小龍之一的臺灣，經濟正快速蓬勃地發展著。在當時越南人的眼裡，臺灣是一個很繁榮的地方。

由於仁德專案的規定，爺爺已經在越南結婚的小兒子沒有辦法跟著其他人一起來臺灣，因此從一九九一年開始，爺爺每年都會回越南一次，去金龍探望沒跟著離開越南的親人。那時候，回越南是一件很體面的事，因爲臺灣的薪水高，蓋房子的工人一天薪水就有一千多臺幣，而一百塊臺幣可以換四萬多的越南盾，而一罐越南三三三啤酒的價格也不過二百越南盾而已，因此爺爺回越南時，只需花一百臺幣就可以請十人吃飯。他一直定期回越南探望親人，直到年歲長了，無法負荷長途旅行爲止。

七十歲退休後，爺爺在臺灣開了間「順化米線」。米線店的門口有張長方形桌子，桌子是玻璃面，裡面放了海砂和幾個貝殼、海螺，是爺爺的兒子去當搬家工人時，顧客送的桌子。每天下午大概兩點，店裡總會出現一群跟爺爺一樣身分的越南華僑，各自叫一杯越南咖啡後，和同鄉用廣東話聊天。

爺爺說他很愛越南，土地也好，以前的人也好。

他回憶最後在越南的時光：人們勤勞，土地肥沃，海鮮豐富，那時候人們做工作很累，卻都很單純簡單。

爺爺一邊說，一邊拿起手機，播出一段鄧麗君唱的〈往事只能回味〉，那是一段以胡志明市作爲背景的影片。影片的開頭是一架準備降落在胡志明市新山機場的飛機，然後是胡志明市的風景、堤岸的華人廟宇、廣東人的穗城會館，還有越南街上永遠熙熙攘攘的摩托車。這部影片是朋友幫他下載的。

跨越了漫長的年歲，從廣州灣到河檜，再從河檜到海防，再到南越，最後到臺灣。很多事都變了，不過有些事還是照舊，尤其是人的習慣與喜好。在越南，爺爺喜歡騎摩托車；到了臺灣，他還是喜歡騎摩托車到處蹓躂。

過去那些在越南騎車的照片，已經不曉得被遺留在哪個角落。可能是在顛沛流離之間，在匆忙的腳步中不慎消失了吧！

如今，越南的風景，只留在爺爺的記憶中，也只有他能夠慢慢回味了。

第二部

申請逃往臺灣：1980－1990年代

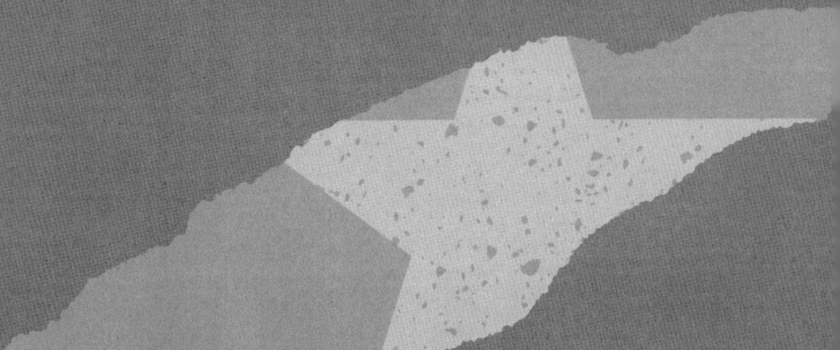

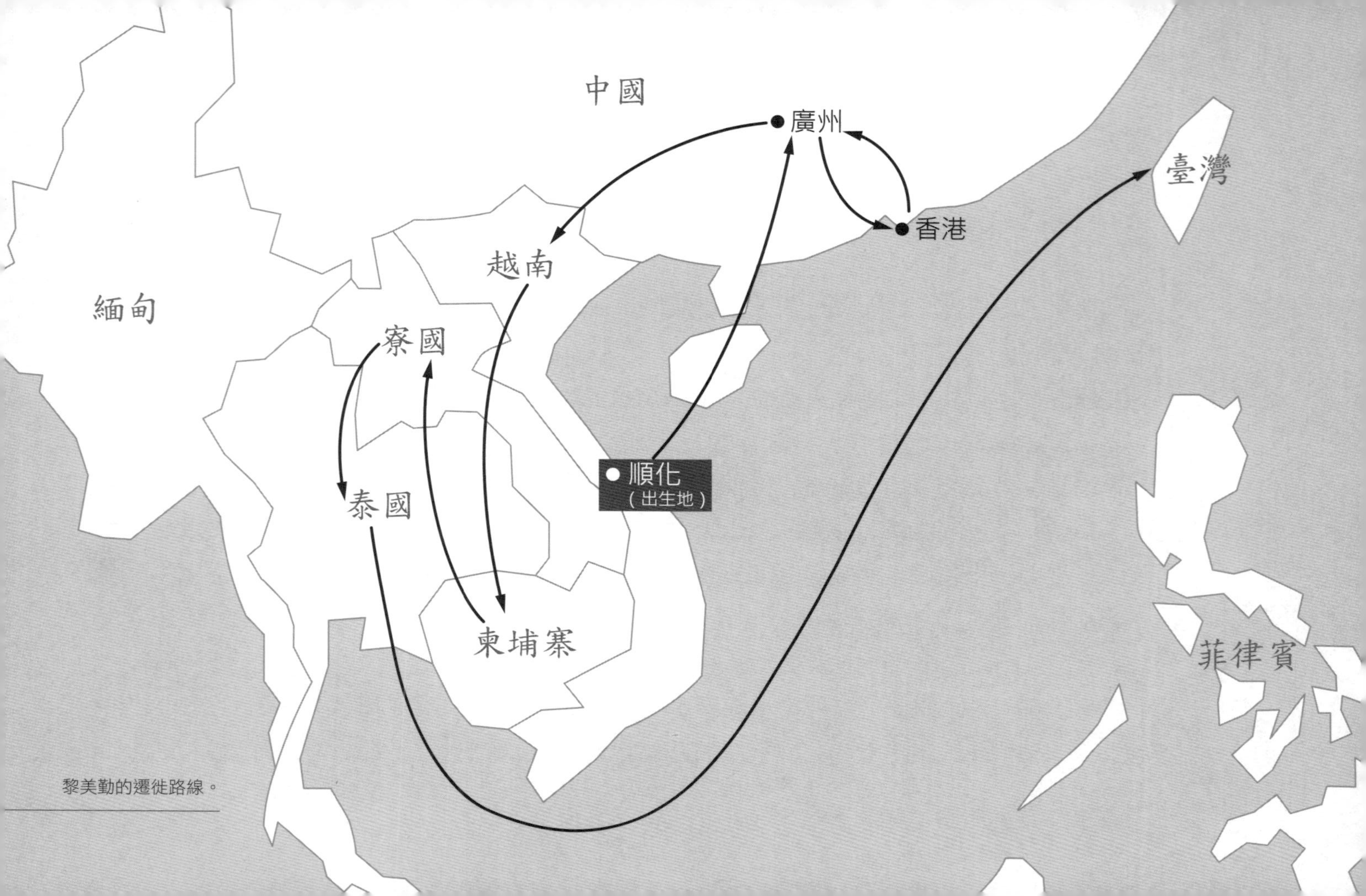

黎美勤的遷徙路線。

CHAPTER

04

企業千金黎美勤：鄰居以為我們什麼也不懂

——洪敏真、廖啟均

一九七五年，越南戰爭結束，南北越統一爲越南社會主義共和國，越南難民流竄各處，許多國家基於人道救援等因素接濟難民。當年臺灣也接納了上千名來自「赤化」地區的難僑，黎美勤就是其中一位，她也是以華僑身分被中華民國政府接納，住在臺灣的越南人之一。

一如前面幾章提到的，臺灣政府爲解決臺北市貧民居住問題，遷移文山區木柵馬明潭的大片公墓，在明義里興建全國規模最大的連棟式平價住宅。黎美勤一九九〇年代初被安置在這，一住超過三十年，安康社區成爲了她的家。

她一九四二年出生於越南，我們認識她時，她已經七十八歲了。她的腳不太方便，彎曲的右腿使不上太多力，在十二坪的平宅裡只能緩慢移動。我們和黎美勤的緣分，就是在這個客廳裡拉開序幕。她總是坐在她的老位子上，翻著那些從越南帶來臺灣，裝載了風光記憶的相簿，邊看邊笑，說著荳蔻年華的往事，過去家鄉的富饒，以及一張張跟媽媽四處旅遊的合影。

跨國企業千金

說起黎美勤，不得不提到她的爺爺黎榮業。他起初開了一間小小的咖啡廳，後來開始經營進口雜貨用品買賣，生意越來越順遂。說到這裡，她突然岔開話題，問我們知道爲什麼她們家的生意越做越大嗎？

她說，當時省長到她們家吃飯，因爲叔叔調皮、愛玩，不小心刮到了省長的車，結果被省長痛打一頓。爸爸看到後，不願看到自己的弟弟被這樣欺負，一陣血氣上湧，便將省長推進水溝裡去了。沒過多久，家裡收到通知，說要請爸爸和爺爺、奶奶到省長辦公室一趟。正當所有人擔心一旦赴約便會遭處刑時，爸爸自告奮勇說：「既然做了就應該勇敢承擔。」便獨自赴約。然而誰都沒想到，省長非但沒把爸爸臭罵一頓，反倒欣賞他的勇敢，還收他爲乾兒子，同時命令，往後所有法國駐越南的軍糧都得向黎家採購。黎氏家族企業，在這樣的背景下日漸成熟，後來相繼投資工業，辦冰廠、肥皂廠，同時經營運輸業，貨車來回南越、寮國，馬不停蹄地出貨。

黎氏家族從此飛黃騰達。黎美勤說，當時她和家人出門旅遊、參觀工廠，就搭飛機，儘管飛機在當時還不普及，她和家人卻能輕鬆、頻繁地搭乘，四處去，更別說平時住的、用的東西了。她笑說，過去住的別墅是現在的一樓平房完全無法比擬的，可見黎家的事業規模之大。

黎美勤的爺爺黎榮業晚年開始辦學，規模從私塾逐漸擴大至學校，投身教育界，在僑界有無法取代的地位。她接著告訴我們：「我們家那時候和保大帝的關係很好，但是後來吳廷琰上臺後，把保大帝趕走了，吳廷琰派了軍隊包圍我們家，來查我們家是不是有軍火。你看，我們家那時候多重要啊。」黎美勤驕傲地說著。

黃埔軍校的那把劍

提到自己的父親黎惠權，黎美勤的話匣子打開了，開始熱切地說起黎惠權於中日抗戰時擔任國軍的情報員的故事。黎美勤說，黎惠權回祖國（中國）就讀中學那年，只有十八歲。他在廣州認識了梁少和女士，兩人相識、相戀，接著結婚，很快便生下了黎美勤的哥哥。一九三七年，盧溝橋事變（七七事變）爆發，在愛國氣氛充斥下，年輕人為國爲民，報效國家，而黎惠權也不例外，即便他結婚不久且仍在學，在這種氣氛的薰陶下，還是不顧一切地報考軍校，後來錄取了中央軍校第四分校，畢業後參與情報人員訓練，隨後參與國家情報任務，擔任諜報工作。

一九四一年太平洋戰爭爆發，由於父親出生於高棉，且隨著黎榮業先生遊走於越棉寮，對於此地的熟悉，讓黎惠權在戰事中取得優勢屢屢建功，但卻在勝利之際遭到日軍逮捕，遭到囚禁。

講到這裡，黎美勤拿出了一把斑駁的短劍，說道：「爸爸爲了避免身分曝光，他將這把國軍配劍丟到井裡頭。後來我哥哥把它撿起來，放到保險櫃裡面，不知道爲什麼，就跟著我到臺灣來了。」

黎美勤起身，帶我們到她的房間，指著櫃子上一張黑白照片，照片上有一位穿著軍服的年輕人，他臉龐清秀、英姿勃發。黎美勤看著照片，輕聲說：「那是我父親，其實，我沒有看過他，因爲他在我出生那一天，從廣州要去越南看我的時候，被日軍發現他是地下工作者，結果被活埋。所以我從來沒看過他。」

儘管父親黎惠權因公殉職，黎美勤的生活成長記憶裡面，仍有不少關於他的印象。她說，媽媽常跟她說起軍人爸爸颯爽的英姿，描述他在哨位上多麼挺拔。從黎美勤的口述，可窺見黎惠權不屈不撓、寧死不屈的勇士形貌。

抵臺後，黎美勤以將士遺屬的身分向國防部申請，希望能將自己的父親供奉於忠烈祠。申請過程坎坷，因爲能夠證明爸爸身分的文件早已所剩無幾，所幸她身邊還留存著父親的一把劍，劍背上清楚刻著黃埔軍校的編碼，最後經情報局調查和國防部核可，好不容易確認黎惠權的確爲中華民國烈士，終於入了國民革命忠烈祠（現臺北忠烈祠）。

從小只能輾轉得知父親其人其事的黎美勤，盼了那麼多年，這件她唯一能爲父親做的事，終於如願以償。

從越南到北投

一九五五年，越戰爆發，印度支那三邦相繼淪陷。黎美勤說：「當時在越南有好多的朋友，趕緊調了好多車子，能救幾個是幾個，家裡能調動得到的車子都拿來救人逃難去了。」越南淪陷後，隨即寮國也淪陷，共產黨開始清算、鬥爭，大大小小的工廠都收歸國有，黎家頓時失去所有財產，黎美勤也因生命受到威脅，不得不離開寮國。黎家的事業版圖非常之大，家族成員紛紛逃往各國根據地，法國、澳洲、美國都能見到他們的身影，黎美勤則隻身帶著媽媽，搬到了臺灣生活。

黎美勤與媽媽以華僑身分來臺，原本被安排入住安康社區，不過她當時認爲社區的環境又髒又亂、龍蛇雜處，便拒絕入住，轉尋其他棲身之地。黎美勤說：「後來朋友告訴我北投那裡有個地方可以住，於是就帶著媽媽搬到北投去，一住就住了十八年了，那時候每天都在哭，很不習慣。以前出門都有司機接送，現在變成外出要自己走路、什麼都沒有，有點像從高山摔下來。」

來到臺灣，人生地不熟，黎美勤唯二的心靈寄託，就是媽媽和教會。

三歲就受洗的黎美勤是個虔誠的基督徒。每天固定到教會報到，她說那時候神父是個法國人，自己每天早上都會花一個小時到神父那協助翻譯聖經。沒事的時候就帶媽媽參加各式各樣的課程，例如土風舞課、裁縫課。黎美勤得意地拿出一些照片，告訴我們照片上的這些衣服是她自己做的。看著顏色繽紛的越南風裙子、旗袍、褲子，「黎美勤也曾經風流過呢」我們笑說，她叫我們別逗她了。她說，那段時間自己還年輕，喜歡到處參加活動，也喜歡帶著媽媽到處去玩、泡泡溫泉、拍拍照片。

黎美勤手上的照片透露著與母親深刻的感情。照片中，她緊緊牽著媽媽的手，露出燦爛的笑容，擺出滑稽的姿勢，讓我們不禁微笑起來，這也許就是她生性樂觀、不畏懼的性格特質展現吧。

誰都沒想到生活富足、奢華的她會碰上戰爭、逃難，也沒人想過聲勢如此大的黎家竟在瞬間就規模不再了。去盡繁華後，唯一陪在黎美勤身邊的是年邁的媽媽，這也讓她更爲珍惜這份親情。

在北投定居了十八年，總是笑臉迎人的黎美勤，樂觀開朗的性格，爲自己贏得許多朋友。大方慷慨的她常常看到鄰居需要什麼協助，便主動上前關心，對方沒米煮了，她就送米；鹽沒了，她就送鹽，有求必應。然而，她也因爲這樣的慷慨性格遭到有心人士利用，被騙了好大一筆錢。

「騙走我幾十萬，都沒了啊，好可惜啊！」黎美勤嚷著，而我們意外的是，這樣一件衝擊信任與友情的事，她竟然就以一句「好可惜」帶過，彷彿無傷大雅。她告訴我們，做人千萬不要太計較，大事要化小，小事要化無，這樣才會過得快樂，而人活著，快樂最重要。接著她話鋒一轉，說：「我有一位朋友是從北投來的，他現在住在安康，你們想去看他嗎？我打電話問問看他在不在家。」接著便帶上我們到了同樣位於安康社區的一戶人家，按響了電鈴。

看著一陣寒暄後的黎美勤，握著那位朋友的手，關心身體不方便的對方最近去醫院情況怎麼樣？又提醒她得出去走走，不要整天窩在家，還問了她兒子女兒的情況，如此正向，如此溫暖。

不論是在越南、北投還是安康，遭遇了何種困難、困頓，黎美勤大姐頭的性格始終沒變。看到需要幫助的人，她總是搶第一，毫不吝嗇。她說：「我們有能力，做得到的就盡量做。」然而，命運卻開了她任俠風範、慷慨性格一個大玩笑。正是因爲被騙了一大筆錢、付不起北投的房租，她才不得不透過社工的引介，住進了自己最初拒絕入住過的安康社區，也才有機會發揮她大姐頭性格照顧這位鄰居。

在安康，鄰居以為我們什麼都不懂

「剛搬來的時候啊，我住在二樓，眞的是住得好不習慣。環境眞的很糟糕，還要自己花一筆錢修理壞掉的東西。」回憶起入住安康社區的時候，黎美勤臉垮了下來，「鄰居很惡劣，以爲我們什麼都不懂，想要欺負我們，叫我把護照，身分證都給他。我不知道他要幹嘛，不給他，他就每天按我電鈴，眞是快被他煩死了。」

黎美勤在安康社區僅僅十二坪的平房中，擺了一臺電視，幾張椅子、桌子。她說：「不知道這裡的空間這麼小，原本有好幾張桌子跟縫紉機的，擺不下，只好都丟掉。這麼小的空間，環境眞的很糟糕，還有老鼠呢，很大隻，嚇死了。」講到這裡，她嘆了一口長氣，「後來就慢慢適應了，開始認識一些人。我會帶著媽媽到處參加活動，可是那個時候媽媽已經老了，體力不太夠，我就帶著她慢慢的做一些室內的活動，例如刺繡，還有縫衣服啦……」

每個故事都有悲歡離合，黎美勤的也不例外。搬到安康社區後沒過幾年，後半生與她相依爲命的媽媽，離開了這個世界。她微笑地告訴我們說，人老了，多少都會有這樣的生死離別，不需要太難過，媽媽也許在天堂過得更愜意呢！

失去母親的陪伴，對黎美勤來說雖然是個重大的遺憾，但她還是願意出門活動，和社區的人打交道，也會到教會參加活動。

我們曾陪黎美勤去過幾次教會。教會對她來說，不只是心靈寄託，更是讓她得以融入外界場域，意義特別。在這裡，黎美勤卸下移民身分，不會格格不入，和同年紀的人熱絡地寒暄，也熱切、大方地將我們介紹給教會的夥伴。她說，如果沒有教會來這裡辦活動，她就只能待在家看電視、連續劇了，「老人家的生活，很無聊啊」。

住在安康社區這麼多年，黎美勤雖然碰過心懷不軌的壞鄰居，但也建立了屬於自己的交友圈。然而在她臺灣的生活中，始終有越南。例如，她常請室友阿強幫她外帶越南小吃回來，因爲跟臺灣菜比起來，她還是比較喜歡越南料理，調味料也多用越南產品。

看到黎美勤家裡處處是寫著越南文的產品，我們不禁好奇，問她離開越南這麼久，還是習慣用越南的東西嗎？她雖然回說自己只是因爲跟店家熟識，常常吃他們煮的菜，才會習慣用這些東西，但也許她始終在追尋味覺記憶中的越南歲月吧。我們問她會不會想回去越南？她說：「以前當然會啊，越南的天氣很舒服，好像一年四季都是春天，食物也都很習慣了。可是我現在老了，腳也不方便，哪裡都不想去了。唉呀！都沒差了啦！」

每次到黎美勤家，她總會和我們分享不一樣的越南美食，告訴我們這附近又多開了哪一家店、有什麼特色、好不好吃、道不道地。同時也會告訴我們，她到市場買的水果在越南也有，不過越南的比較大、比較甜、比較好吃。雖然最後在臺灣找到了一個屬於自己的家，但黎美勤對家鄉的思念，也許從未隨時間淡去吧。

著眼當下

三十歲前，黎美勤在越棉寮過著奢華、不愁吃穿的生活，沒有包袱，沒有財務壓力，能專心做自己喜歡的事，無憂無慮，想到什麼就做什麼，能上一秒想要做件衣服，下一秒就出門買布料，花大把時間給自己製作精細又別致的洋裝，自由自在。當時的她無須工作，只管每天想著把自己的時間塡滿就好，沒想到會因爲戰爭家道中落，甚至離開越南、飄零海外。

現在，距離她初來乍到安康社區，也幾十多個年頭過去了，期間她搬過三次家、歷經媽媽離世，習慣了和不同的室友同住、充滿變化的生活。雖然歷經大風大浪，但她的活躍、她的善良仍深厚地存在著，即便當年許多人看她是華僑，身上多少有點家當，編出各種淒慘遭遇騙她，如今她回頭看曾經遭遇的事，仍能爽朗地笑出聲。

孤身一人的黎美勤，不是沒想過組織一個屬於自己的家，但她覺得，自己出生富裕之家，三十歲前的生活富饒無虞，似乎已將這輩子所有好運都用盡了。語畢，她靜默了好一會，淺淺地微笑，抬頭看了看公寓門口。

作爲她最後落腳處的安康平宅，因年久失修，許多棟早已拆遷、更新，面對早已面目全非的社區，黎美勤無所謂、處之泰然。

她瀟灑地說，人老了嘛，住哪裡，都沒關係了。

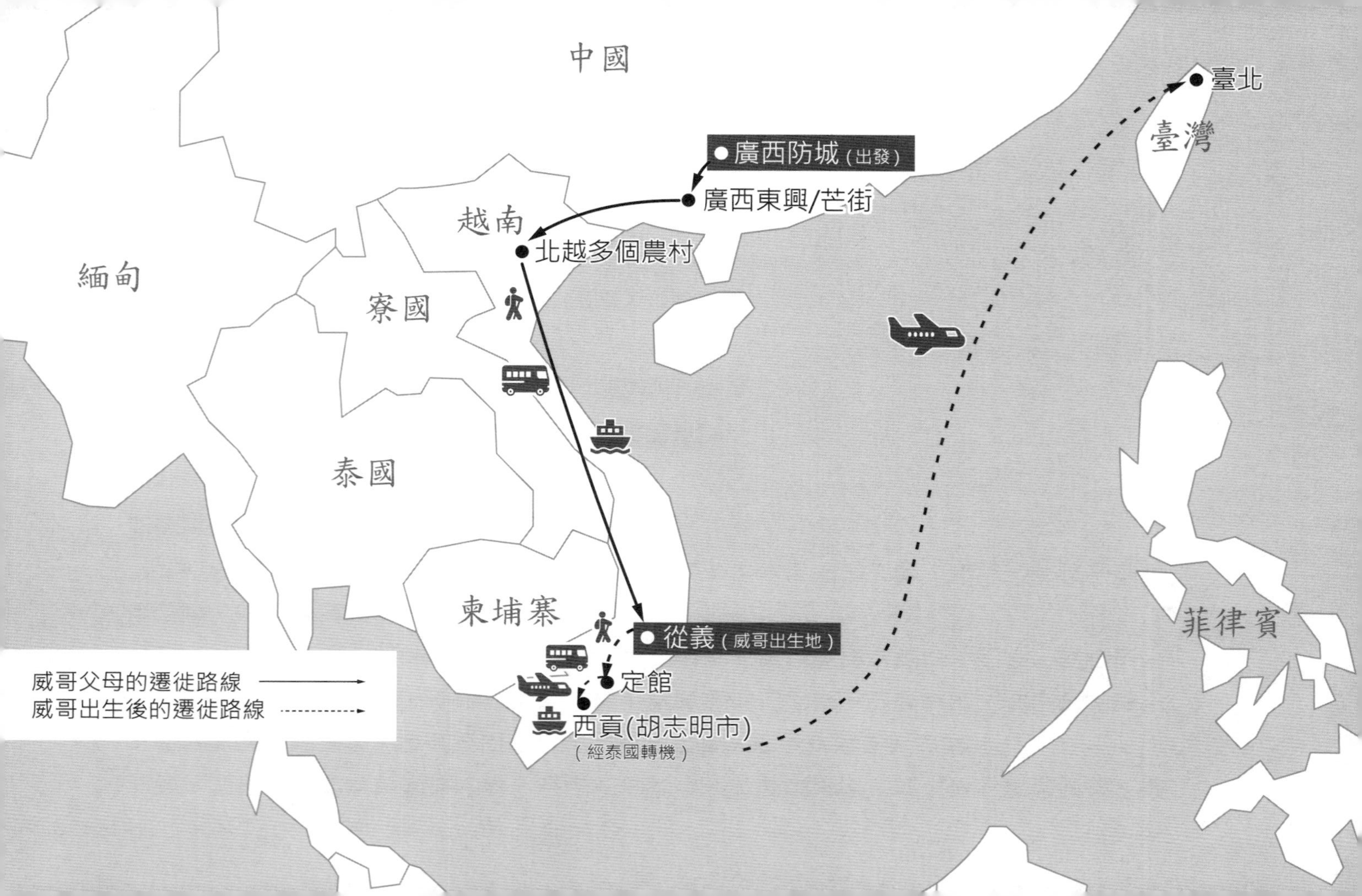
中國
臺北
臺灣
廣西防城（出發）
廣西東興/芒街
越南
北越多個農村
緬甸
寮國
泰國
東埔寨
從義（威哥出生地）
定館
西貢(胡志明市)
（經泰國轉機）
菲律賓
威哥父母的遷徙路線
威哥出生後的遷徙路線

CHAPTER 05

計程車司機威哥：逃往臺灣的富家子

——金其琪、陳品鴻

凌晨一點，臺北木柵，有個男人抱著一把木吉他在唱歌。這是一個名爲「無聊的吉他」的深夜臉書直播，主角是威哥。今天，他唱的是歌單的第三百四十七首，香港四大才子之一——黃霑作詞的廣東歌〈問我〉：

問我歡呼聲有幾多　問我悲哭聲有幾多
我如何　能夠　一一　去數清楚
問我點解會高興　究竟點解要苦楚＊
我笑住　回答　講一聲　我係我

起音有些低，是老男人的菸嗓。

「威少，駛唔駛咁傷感呀？」（威少，要不要這麼傷感呀？）直播的觀看人數不多，來留言的人用的是廣東話和越南語。

老友叫他「威少」，因他確實是富裕人家出身的少爺。五十六歲（二〇二三）的他已在臺北木柵生活了三十四年，是一名看起來再普通不過的計程車司機大叔。新朋友，都叫他威哥。

一九六六年，威哥在美國援助之下的南越出生，他和許多飄洋過海來到安康社區的華僑一樣，並非土生土長的越南人。他的祖籍在廣西防城，爸媽最初是在廣西的山上種菜養牛，割茅草蓋房子，偶爾挑扁擔去市集買賣些農產品。威哥的大哥大姊出生後沒幾年，因爲實在太窮，村子裡許多人都逃難到越南，他們的父母也跟著踏上了南行之路。他們一路走，逃到廣西和越南芒街接壤的東興，終於進入了芒街和海防這兩個越南北部的城市，接著又一路逃，在不同工廠做工，輾轉南下，終於在一九五〇年代末，逃到了當時由美國援助的南越。一家人終於在南越宣德省的從義安定下來，先是開墾，然後經商、經營華人學校，成爲聞名的富商僑領之家。

威哥出生時，家境已然富裕，然而繁榮的景象卻沒能持續多少年。他九歲時，越南戰爭結束，越共進入南越，改變了越南此後的命運，也改變了他的人生。

戛然而止的華校歲月

「三民主義，吾黨所宗，以建民國，以進大同……」

威哥雖在越南出生長大，卻從小就會唱這首中華民國國歌，因爲他在從義就讀的是與臺灣密切相關的華人學校。那時，南越政府反共親臺，華校跟臺灣有交流，連操場、教室的設計，牆上掛的孫中山畫像，用的繁體中文課本，學的注音，都跟臺灣一樣。每週一早上，他們還要參加週會，全校一起唱國歌。

威哥記得，從義地方很小，但「空氣好好」。一年氣溫都是十八到二十度左右，很

＊翻譯：問我為何會高興　究竟為何要苦楚。

舒服。當地人種穀、種豆、種玉米，風景很美；有條江，還有幾座瀑布很美。這裡最出名的，就是許多華人出錢出力合辦的兩所華校，一間叫義德，一間叫剛峰，後來合併，就改名叫中山中學，有小學部和中學部。有了這兩間學校以後，當地華人的孩子不管有沒有錢，只要到了五歲就可以上學。在他五歲的時候，爸爸做了那兩間華校的董事，他也入學，開始讀中文、英文和法文。

爸爸經商有道，經營一間電影院和一間五金行，擁有三棟房子。在那個電器產品還是稀有品的年代，威哥家裡有冰箱、音響。他記得，有一次爸爸買了臺電視機，搬回來放在村裡的廣場上，竟吸引了整村的人跑來看。他的姊姊在鄉下讀完初中就到西貢（現在的胡志明市）讀高中，還在西貢當家教，教英文、法文、中文、越文。

威哥國小五年級時，越戰結束，南越淪陷，越共控制了從義。學校突然不能再教臺灣的教材，威哥便跟著學了半年的簡體字。之後，越共又跟中國大陸交惡，乾脆禁了中文，政府索性關閉了華人學校，威哥的爸爸因此好幾次被政府的人叫去問話。害怕接下來政府會採取更進一步的威脅，他們只好又一次開始逃難。

二姊帶著威哥和兩個妹妹搭飛機逃去西貢，大哥、大姊則和爸媽一起搭船逃離。一家人被迫在幾個月的航程裡分隔兩地、無法見面。他們的爸爸每到一個有郵局的城鎮，就盡量發一封電報給在西貢的家人。威哥的姊姊時常帶著他去郵局收電報，他還記得，電報上簡短地寫著自己的爸媽、兄弟，現在走到了哪裡。當時威哥的大姊已經成家，她抱著女兒前行，沿路向途經的民家討一口水喝、睡在陌生人家的門口，邊安撫哭鬧不休的女兒，就這樣一路徒步到西貢。

最後，一家人終於在西貢團聚，但苦日子卻仍不放過他們。

有錢是罪

威哥對我們說：「講難聽的，我們家以前是有錢。」為什麼要用「難聽」來說自己家裡有錢呢？因爲南越淪陷後，越共主掌政權，就要「打資產」，威哥表示：「政治這件事很不好，它知道你有錢就怕你有影響力，我家又有名氣，是知識分子，政府就怕你集中一些人搞事。」

政局變動使人心惶惶。一九七五年，南越的貨幣南越盾被改成解放盾，家家戶戶都被要求「換錢」，但卻不是按照既有的財產多寡換算，而是每個家庭都給兩百塊。「像我們家算是有錢的，那不就慘了？」當時政府這樣的做法是爲了平等，威哥感嘆，「窮人就好啦，我們有錢人好多就很慘，自殺的也有，幾千萬身家突然變成兩百塊，受不了刺激。」

隨著時間過去，大家有些放棄掙扎，畢竟身在越共統治之下，能奈他何，就重新開始做生意，但等生意做了三、五年，剛剛穩定下來，有些儲蓄時，政府卻突然又要更改貨幣。「這樣誰還敢做生意？」威哥說，自那之後，華僑沒人敢做生意，因爲做了也沒用，就算賺錢了，也都是做白工。

生活無以爲繼之下，一家人沒有辦法了，威哥的父母於是想帶著全家偷渡。和當時逃去全世界的越南難民一樣，如果要偷渡，就必須花錢找船載他們去公海，然後在海上發出求救訊號，等待國外的船隻來救。

威哥說，那時候政府半公開地允許有錢人偷渡。以前家裡富裕時，威哥的媽媽會去買黃金，因爲當時的現金不穩定，一旦打仗，錢就沒用了，所以有錢人都喜歡買金子，要不就是換美金。黃金去到哪都可以立即換錢，打成金戒指、金項鍊也方便攜帶。然而偷渡的價碼之貴，一個人要花上八到十六兩黃金，他們全家總共有十三人，要價一百多兩黃金，即便有錢，也無法一次支付這麼大一筆金額。

「我那時候還小，聽到爸媽談話，他們本來商量要先送姊姊過去，再擔保其他人跟著走。」他們也想過一家人拆分成幾組，兵分多路，但最後還是決定「一家人要不就一起走，要不就一起留在越南，一起捱。家庭要齊全」。

既然無法全家一塊偷渡，那還剩下什麼活路可以走呢？

多方想方設法下，他的爸爸終於聯絡到一位叔公，他在越戰結束前就輾轉偷渡到臺灣，熟悉臺灣的各國華僑情況。那位叔公給他們指了一條明路，也是前幾個故事裡許多人來臺的橋梁：「仁德專案」。

威哥的爸爸在從義會任華人學校董事，學校施行臺式的中文教育，與臺灣來往密切。可是，要隔海證明華人身分，辦理全家人的入臺簽證和機票，並不是那麼容易。威哥的爸爸和大姊，在西貢想辦法，母親、威哥和妹妹們則逃去另一省的華人聚居地定館等消息。

後來威哥的爸爸也搬到定館，畢竟要撐起一家吃喝，孩子也要繼續想辦法讀書，不過他仍時不時會去西貢辦手續。怕越共找麻煩，威哥的爸爸每每去西貢辦手續，從不自己去政府部門拿信、塡表，而讓威哥的大姊去。

威哥說，那時越南官員辦這些手續都要收受賄賂。「比如今天有一封信是臺灣寄來的，越南官員就會說，我通知你有信寄到，但你如果要我簽名放行，要價三錢黃金。」如果官員不簽名，會影響到他們的來臺手續，因此往往不得不付錢了事。那個時代的三錢黃金是多少呢？威哥說，「當時一臺腳踏車的價格不到一錢黃金。」

他們就在定館一邊謀生，一邊等臺灣的消息，足足等了十幾年。

定館的華人種豆、種菸草，這裡沒有中文學校，大部分人不識字。他們在一個當地親戚家借住。鄉下地方，每戶人家門口都有一塊用來晒穀子、晒菸草的空地，廣東話叫禾堂，他們就在親戚家門口的禾堂用禾草蓋了一間小屋。前店後屋，屋前設個攤位，賣糖糕、餅，走進一樓，則是賣「鹹淡」的店，賣醬油、醋、蘿蔔乾、酒、雞蛋、鹹蛋、皮蛋。穿過店面往裡走，就是床、廚房，還有道小樓梯可以上到閣樓。越南多蚊，他們就在頂上六個角掛蚊帳，一個蚊帳可以睡好多人。除了賣糖糕、餅、「鹹淡」，每天早上，威哥還會和姊姊一起煮糯米飯、賣早餐。威哥的姊姊們很會煮菜，做蛋糕、煮糖水。

他們家做買賣做了三、四年，生意不錯，親戚家的孩子就眼紅了。威哥一家投靠的親戚從事農耕，不會做生意，眼見他們家營生順利、舒舒服服，不用一早下田，賺的錢又較多，便想要拿回那塊地。大人之間有交情，不好意思擺臉色，親戚就轉而罵威哥他們這些孩子。對此，威哥的爸爸說，搞得人家家庭失和，算了，我們搬走。一家人便搬到同一條街上的另一個親戚家門口，又在新的一塊地上重新蓋了一間房子。那個地方位於十字路口，以前是用來養豬的，還留有個豬欄，威哥的爸爸也不嫌棄地方髒臭，反而覺得新地方比舊地方大，好得很。

他們一家就這樣在定館待了十三年，等到「仁德專案」的手續辦妥，臺灣的簽證終於來了。從此，他們獲得新身分，叫做「歸國華僑」。

越南沒有的生活

來臺灣那年，威哥二十二歲，是個貪玩、愛鬧的青年。在西貢新山機場，他和一家八個兄弟姊妹，隨著爸媽，一行總共十個人，只有大姊與大哥因爲已婚而沒有來，坐上了那時見過最大的法國航空的飛機，從越南西貢出發，經泰國曼谷轉機，最後落地臺灣中正機場（現桃園機場）。

威哥一家搭的飛機上，總共有兩百多名乘客。他們抵達曼谷時已經半夜。因爲飛機上的乘客不能入境，工作人員便帶所有人去一個搭在露天場地的帳棚下吃飯。威哥說他們「整班人在那喝汽水，吃水果便當。飯裡面放葡萄乾，我們吃不慣，就一瓶接一瓶地喝免費汽水」。他記得，當他們喝完汽水、吃飽了，機場的工作人員問他們有人暈機嗎？竟然全部的人都舉起手，「因爲有藥拿嘛，拿感冒藥、保濟丸」。當他們下飛機時，還把飛機上的刀叉藏在衣服裡帶走，「我們那時當開玩笑，說有個穿西裝的人，一打開（西裝外套），兩邊掛滿刀叉，好像周潤發《賭王》電影那樣。」威哥笑著說。還有飛機上的濕紙巾，「誰見過呀，好香，有人以爲是香口膠（口香糖），就拿出來咬啊咬啊，哪知道咬不動。」

那天的淩晨四、五點，華航的飛機終於降落在當時的中正機場。他們在機場辦手續，一個禮拜後就拿到了身分證。

入境臺灣後，機上有些人被送到臺灣大學的僑光堂（現鹿鳴堂）或美國青年中心度過在臺的第一晚，威哥則是被送到基隆路的中國大陸災胞救濟總會。隔天早飯過後，親戚就把他們接走，安頓在木柵公園旁忠順街的出租房，一個月租金五千元，三房一衛，空間很足。

「在越南沒見識過這麼多，一來臺灣，覺得臺灣靚（漂亮）嘛，臺北市路上滿滿都是車。一下飛機，見到機場，也覺得好漂亮。」威哥對新生活充滿了期待。他在越南時愛看瓊瑤小說，不過越南很少這些書，常常是你有一本，先借給我看，又借給他看，借一圈回來，書都已經被翻爛了。威哥說，自己「看瓊瑤看得多，當然對臺灣有個想像，覺得：哇，我來臺灣住，當然是住別墅，像秦漢一樣，家的前面有花園，後面有公園」，結果來臺後，還眞的住在木柵公園旁邊，「也是啦，對面有公園嘛，只不過是大家的公園，不是我家的。」

他也在想像中描繪過臺灣的浴室，覺得浴室裡有浴缸一定很漂亮，而他們家在忠順街的房子，還眞的有浴缸。「我姊姊進去，兩個小時都不出來，把浴缸放滿水泡澡。」結果爸爸罵她，一家十個人，妳一個人進去兩個小時，整桶瓦斯都要被妳燒光了，姊姊回說：「享受嘛，（這在）越南沒有呀。」

威哥一家人先在忠順街住了半年，後來親戚說他們可以申請「政府屋」，他們就搬到安康平宅住，租金便宜多了，一個月兩百元。安康社區以前有三條巷子，興隆路三段四十二、四十四和四十六巷。威哥一家就住在四十二巷十字路口的位置，木柵公園對面的最高層，四樓。

威哥說，那時候安康平宅沒什麼人住。「有錢人不會進來住，是政府給身障、老人、原住民住的。」他對安康平宅的印象和大多數臺灣人一樣，並不好。他們家樓下的鄰居多數是臺灣人，那棟只有一兩戶和他們一樣是越南華僑。他到現在還記得，樓下其中一戶臺灣鄰居，媽媽精神不正常，兒子又愛撿回收物回家，不但雜物堆滿樓梯，還用噴漆把樓梯噴花。那時候就有社工在安康社區活動了，如果有人惹事，大家就會去跟社工講。

有令人困擾的鄰居，也有許多友善的人，生活倒也還行，不過安康社區每到夜晚就多事。威哥記得，八、九〇年代的安康社區，晚上總是嘈雜。他曾目睹青少年在木柵公園的籃球場打架、喝酒，還有人吸毒。「窮人吸不起K他命，吸一種強力膠，本來眞的是拿來黏東西用的，但大概有什麼成分聞起來像毒品，所以就有人吸。」他也常看到一些酒鬼在木柵公園的亭子裡喝酒玩樂，夏天還會就地而眠。

有天凌晨一兩點，威哥家樓下突然吵鬧起來。他和幾個兄弟姊妹從住家所在的四樓往下看，看到有十幾個人追著一個人，從對面街衝過來，那個人剛好在他們家樓下被逮住了。「他們用木棍打，又踢那個人。那個人被打到不能動了，他們就用滾燙的菸頭按在那個人的人中，等那個人醒來，再繼續打。」他記得，那個可憐人後來應該是被打死了。

社區裡治安如此，他不會害怕嗎？

威哥說，他當然也會害怕，因爲他那時讀的是夜校，常常很晚才回家，不過他覺得，他們一家「是外地來的，來到人家國家，怎樣都要忍讓」，而且自己已經二十二歲，是個大人了，出入還是小心，務必看看四周環境，不要惹事，只要低調些就好。過幾年，當他大哥的兩個十幾歲的兒子從越南過來時，他就很擔心讀中學的他們會因爲環境學壞。「他們跟安康社區的年輕人混在一起打籃球，學人打架。」看著姪子的變化，他覺得自己眞的需要搬離這個社區。

威哥一家人總共在安康平宅住了七年，後來的確也因結婚、工作等轉變，陸陸續續搬離。

臺北捷運和市府大樓，我都蓋過

威哥來到臺灣的時候，正值八〇年代末，臺灣經濟起飛，木柵、新店一帶滿滿都是電子加工廠，他住的忠順街上就有好幾家，做插座出口給全世界。威哥年輕力壯，「走出去就找到工作」，因爲所有工廠都缺人手。

讀書當然也是必須的。威哥參加政府的鑑定考，考中文、數學、英文，測試他讀書讀到哪個階段，之後選了大安高工去讀夜校，白天打工。

前前後後，他在三年間約在十家電子加工廠工作過，其中有九家在木柵，一家在新店。威哥之所以不停跳槽，是爲想跟越南同鄉在同一間工廠工作，「不然好悶呀」，而且有相關經驗可以加薪。電子加工廠的工作是朝八晚五，一週上班五日半，威哥每天五點下班後吃飯洗澡，晚上七點就去夜校上課，九點半下課回家之餘，他還可以拿一些電線回去讓爸媽做些簡單加工，增添收入。

威哥就這樣半工半讀，一個月可以掙得八千五百元。家裡因爲來臺租房子、安頓，白手起家，什麼都沒有，還跟親戚借了很多錢，他便把打工賺的錢全部給家裡花用。幸而因爲威哥家人口多，工作的人也多，債很快就還完了。威哥持續當電子工，一直做到高三，越南同鄉介紹他去工地工作爲止。後來他在中華工程的工地打工，薪水比在電子廠工作來得高，一個月的薪水高達兩萬多。「信義區那個臺北市政府新大樓就是我們蓋的。」他說。他記得那時還沒有一〇一，全臺北最厲害的建築物就是中正紀念堂、臺北世貿中心和君悅飯店，大家都去拍照，市政府新大樓旁邊還都是農田。做完這一單，同鄉又介紹他去蓋臺北動物園捷運站，在那裡鋪軌道、打雜，有二、三十個越南華僑和威哥一起工作。時值一九九一年，日薪是一千三百臺幣，一個月的工資是三萬九千元。

威哥喜歡工地的工作，不僅因爲賺得多，還因爲那時年輕，相較之下，在電子加工廠整天坐著幹活，實在太無聊，「只好整天坐著聽歌囉」。他聽廣東歌、越南語歌、法文歌、英文歌，喜歡李克勤、披頭四（Beatles）。沒上工的時候，他就和一群同在木柵的越南兄弟互相串門子，到彼此家裡去看錄影帶、港劇、吃泡麵、唱歌，好幾天都不回家。遇上誰生日了，一群年輕人也會聚在那人家裡慶祝一番。有誰要搬家，全部都來動員，不管男女老少都捲起袖子幫忙。

年輕的威哥知道，世界很大。高中畢業後，他遠渡重洋找親戚，去了澳洲兩、三年，想闖一闖，但後來他的爸爸中風，要人照顧，姊姊們又都陸續嫁人，他便還是回到了臺灣。歲月不饒人，威哥的媽媽有了慢性病，他也一肩挑起照顧的工作。年紀稍大後，因爲工地的工作太辛苦，威哥便做起運輸業，給文具店送貨。有了積蓄後，他又爲了方便照顧爸爸，在二〇〇一年買了一輛計程車，從此開始計程車司機的生涯。

拿起吉他，他仍是威少

威哥與太太的相識源自一場又一場的同鄉接機。

那時，年輕人們知道哪一天會有越南班機來，就算沒有認識的人在飛機上，也都會去接機。威哥記得自己那時初來乍到，沒什麼朋友，遇到越南人就問對方搭哪班飛機。而他和太太的相遇，就是這樣子問來的。「問了發現是同一班飛機，就認識了。」

年輕男子總想認識同鄉女生：「大家會討論，這班機有什麼靚女來？」那時沒有手機，沒辦法互留電話，對方剛來臺灣，又不知道接下來會住哪裡，就只能先彼此打個照面、認識認識而已，「但我們知道一定會見到的，都是越南華僑，都住在臺北，遲早會見到。」

那時，越南歸僑協會和臺灣僑委會一年辦一次華僑聯誼會，由政府資助，華僑自己組織活動，大家會結伴參加烤肉大會，幾部遊覽車在臺大集合時，就互相問：「哇，你第幾班機呀？」此時因爲已經安頓好、住所也已確定，便能互留電話，「那年代只有家裡電話，連 BB call 都沒有。」

威哥的太太比他晚一年來臺灣，在越南的順化長大，父親是廣東人，在越南時就聽過威哥爸爸的名字。剛來臺灣時，她住在中和，不會中文，只會越南語。威哥大她六歲，在各種事情上像哥哥一樣照顧她，兩人就慢慢熟識了。他帶她買字典，幫她去報名鑑定中文程度，如此一來政府便能再安排她讀書。威哥的太太在板橋的華僑中學從國三讀起，跟威哥的妹妹同一所學校。

一九九七年，兩人結婚，在景美女中附近租房子，威哥正式搬出安康平宅，後來在景美住了幾年，申請到萬美國宅，便跟威哥的父母一起搬了進去，四個人一塊住了十一年多。

轉行當計程車司機的威哥跑過很長一段時間的晚班。當時他一晚起碼能接十單、八單，常常到圓山大飯店和一〇一附近去等客人。他記得日本客人很多，他們愛搭計程車，運氣好的時候，還能遇到要去機場的。這樣一天的收入起碼有兩千元。

晚班的收入多，可是很累。威哥白天要在家照顧爸爸，晚上八點多開車出去，要一路工作到凌晨兩三點，而且雖然計程車司機的收入不低，但油錢貴，夜班要提神，又要花許多錢買菸和咖啡，如果被開一張超速罰單，一整天的收入就沒了。即便如此，威哥的婚後生活還是安定下來了。

不管搬過多少次家，威哥夫妻和許多越南華僑一樣，兜兜轉轉，總在木柵一帶安身。他的幾個姊姊分別嫁去了美國、澳洲、馬來西亞。其中嫁到美國的，就是剛來臺灣時在浴缸泡了兩個小時澡的姊姊，她到美國之後開了一間中藥鋪。

公共交通越來越方便的今日，計程車生意漸漸冷清，好在威哥的經濟負擔也不重，生活便變得悠閒起來。他跑晚班計程車的作息已經調不回來，早上總是會睡到十點多，起床時太太早已出門上班，他便一個人到木柵的越南小吃店吃午飯，下午就坐在店門口喝冰咖啡、越南茶，和朋友抽支菸、聊聊天。晚上六、七點，他買兩個便當回家跟太太一起吃。

雖然現在有車、有捷運，去哪裡都方便，但木柵的菜市場、馬路、鄰居、小吃店，都是威哥最熟悉的。過去日日面對的木柵公園，威哥已經十幾年沒有走進去過了，他曾經住過的那棟樓現在已經拆除，變成了空地，威哥也不住這附近了，但他還是習慣在這區活動，除了因爲熟悉，還因爲這裡越南人多，也有朋友。

幾十年來，他都習慣在木柵的越南小吃店喝咖啡、吃飯，而且即便幾十年過去了，他還可以在這些店裡見到許多認識的人來串門子。他們不用特別約，只要去熟悉的地方就能見到面。常和威哥聚在一塊聊天的幾個人都是計程車司機，這個男性社群的聊天內容，不外乎菸酒、美食和足球。德國盃和英超的最新比數，香菸的種類、包裝樣式和價格，附近新開的越南餐廳和港式燒臘店，都是常見的話題，有時聊到一半會有人接到車行或客人的電話，出勤去接單，跑完一趟計程車再回來繼續喝茶。

有菸抽的日子，對威哥來說，是生活的重要組成。喝茶、喝咖啡、聊天，怎麼能沒有菸抽？可是臺北市的公共場合已全面禁菸的現在，哪裡還能自由地抽菸呢？放眼整個木柵，看來只有木柵的越南小店可以了。

「大家越南同鄉都住在這裡最多，如果搬離木柵，就會慢慢疏遠了。」他說，「朋友都在這裡，你有什麼事，大家幫你嘛。」

歲月流逝，過去在越南的一切看來已如此遙遠，但少年時的愛好和習性仍然伴隨著威哥。當他在夜裡彈起吉他時，仍是那個「威少」。

在那一首《問我》的結尾，他這麼唱道：

問我得失有幾多　其實得失不必清楚
我但求　能夠　一一　去數清楚

願我一生去到終結　無論歷盡幾許風波
我仍然　能夠　講一聲　我係我

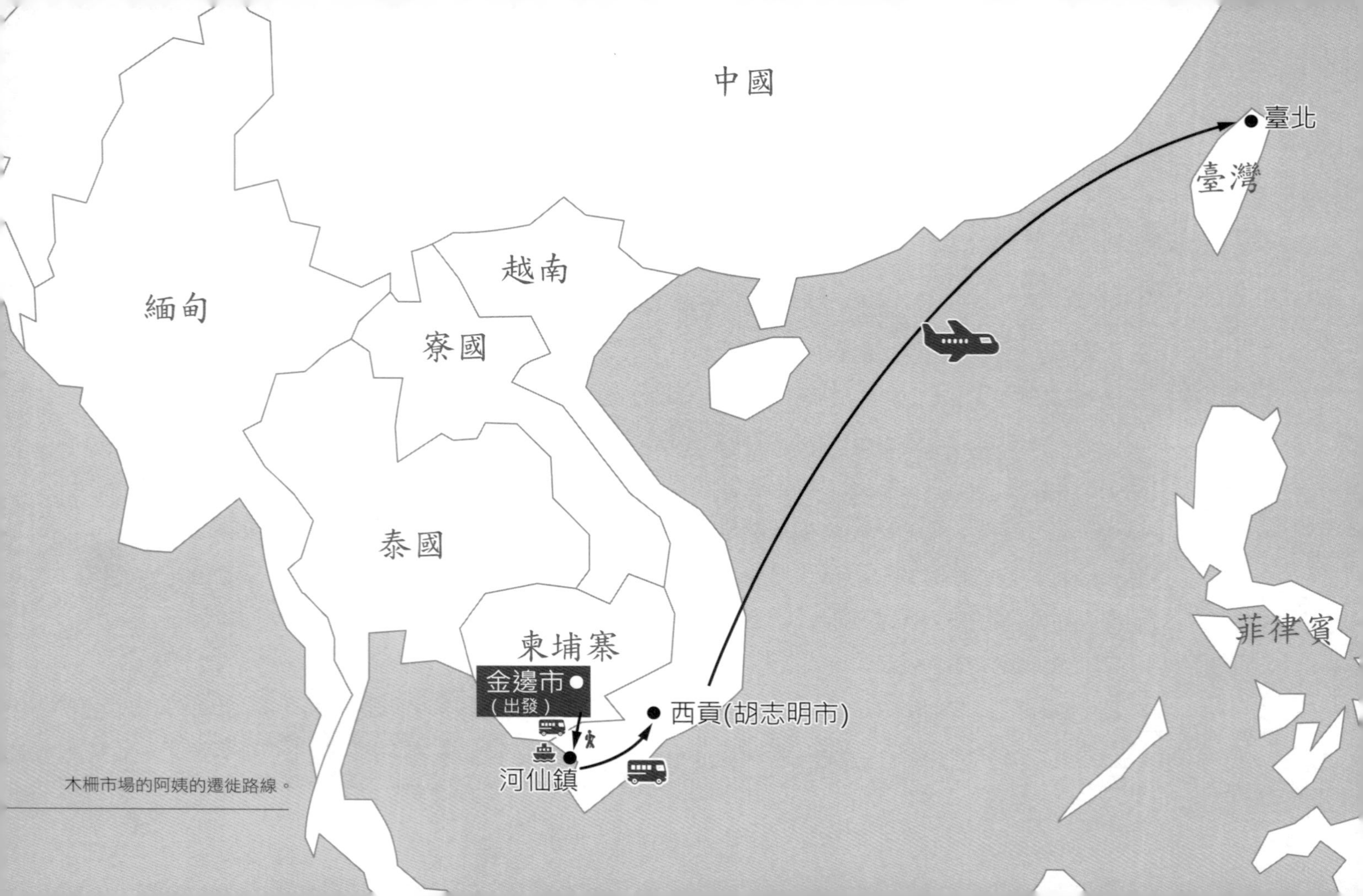

木柵市場的阿姨的遷徙路線。

CHAPTER

06

木柵市場的阿姨：太平角落

——羅漪文

在木柵市場後門的小十字街道，每週末的早晨，總是充滿悠閒逛街買菜的行人，大家彎腰挑選攤販上的蔬果，間或駐足閒聊，暈染出一片祥和安康的氛圍。而在轉角處，包裹頭巾的女子三三兩兩聚集在一起，用輕快的印尼語交談著，然後紛紛走進一間雜貨店。

仔細一看，雜貨店門口的小方桌上堆疊著各種特別的餐盒：辣炒雞雜、炸雞腿薑黃飯、酸鹹醬香煎魚飯、綠豆糯米飯、春捲、娘惹糕、木薯糕、椰漿水果繽紛杯等等，熱熱鬧鬧地召喚著同鄉的味蕾。

店內，瘦瘦的老闆娘熱絡地招呼：「妹妹，今天要買什麼？」女子們於是切換國語，用尾音上揚的聲調叫老闆娘：「阿姨！」

這位雜貨店的阿姨與她們來自南洋的不同地帶，竟在臺北盆地的邊緣角落相遇了。

砲火轟炸的中南半島

阿姨出生於柬埔寨金邊市，父母親是潮州移民，一家七口擠在租來的小房間裡，賣碳、賣糖果、做糕粿、漿洗衣服，用辛苦勞力換取在異鄉的生存機會。炎熱的金邊給了阿姨一段清寒卻愉快的少年時光。在往後的日子裡，最讓她想念的是路口大嬸的金邊粿條擔子，爽彈的米製粉條淋上熱湯，加一點點肉末和炸蒜酥，一碗一塊錢，捧回家裡拌飯，就能夠把肚子填得飽飽的。

戰爭很快來了，砲火在郊區炸開，未意識到災難已經迫近，阿姨少年盲勇，和朋友們跑去圍觀破碎的現場，遠遠望去，見到瀕死的身軀，一抽一抽地顫動。

有一位果敢的姊姊，平常將孩子託給阿姨的媽媽照顧，自己則在柬越邊境走私貨物謀生，眼看亂世將至，媽媽商請那位姊姊帶著阿姨離開柬埔寨。阿姨於是從金邊搭運貨飛機到西哈努克港，接著步行、騎腳踏車或託人載送一程，輾轉來到越南河仙，最後抵達西貢。

一九七五年四月一日，阿姨離開金邊，半個月後，四月十五日，波布赤柬攻陷金邊市，*他們沿街拍門，么喝市民立刻離開，說要清空金邊市捕抓反動分子，很多人突然被掃地出門，兩手空空，全身上下的財產只有身上穿的衣服而已。阿姨的兄弟和媽媽一路竄逃，困在鄉野的集中營裡整整九個月。金邊失色後半個月，四月三十日，越南的西貢也跟著變天，改稱胡志明市。

阿姨住進未婚夫的家，滿屋子大姑與小姑，雖然大家是客家人，但主要以越南語溝通，阿姨只會說潮州話和國語，人生地不熟，又不懂本地的交際規則，屢屢產生摩擦，讓她深感受創。

好不容易等到兄弟與媽媽逃離集中營，抵達越南，阿姨與丈夫舉行簡單結婚儀式之後搬出夫家，在屬於自己的小屋子裡迎接長女出生。九個月後，公安突然闖進她家門，

＊ 上世紀中葉以降，柬埔寨新起左翼勢力，統稱「赤柬」或「紅色高棉」，領袖為波布，一九七五年推翻高棉共和國取得政權。赤柬長期接受中共的支持和援助，執政後仿效中國實施類似「大躍進」、「文化大革命」等政策，無預警將大量市民驅趕至農村，沒收私有財產、廢除貨幣、拆散家庭等等，企圖將柬埔寨建設成為無階級之社會。同時，又發起「大清洗」，大規模處決平民和政敵，造成約兩百萬人非正常死亡（相當於當時該國總人口的四分之一），史稱「高棉大屠殺」。

大肆搜索一番，還把丈夫帶走，沒有官方審判、沒有正式解釋，阿姨的丈夫莫名其妙被關入獄，勞改七年。

漫長的七年之間，大概是擔心受到牽連吧，夫家親友並未過問任何事情。阿姨與媽媽、女兒相依爲命，白天，靠著年輕勇壯，不吃早餐也敢騎腳踏車數十公里到郊區的工廠，載塑膠片到城區的店家販售，晚上則批一些衣褲在路邊擺賣。當時越南經濟蕭條，獨自一人擺地攤並不容易，三不五時便會遭遇街頭混混圍過來搶貨，甚至被公安免費索取，蝕本幾次後，阿姨只好放棄。

生意做不了，阿姨仗著自己在柬埔寨時期讀過幾年華校小學，就當起中文家教。彼時，越南和中華人民共和國交惡，不但關閉所有華校，也禁止中文教學或出版，華人要學中文，只能偷偷摸摸地來。巧的是，阿姨的學生家長賣的是阿姨難忘的家鄉美食——金邊粿條。他們每天都要把花生炒香，搗碎成細滑的花生醬，再和其他配料一起翻炒出滋味繁複的潮州沙茶醬，而正是這獨門沙茶醬爲金邊粿條畫龍點睛，所以店家生意興隆。家裡開店的孩子特別愛玩，再說，學中文有什麼意義呢？懂得說潮州話、廣府話、越南話就可以過日子了。當地的華人不是很積極培養小孩學中文，甚至不讓小孩進入越南學校。阿姨的學生也因此草草學習，不久，她的家教事業又不得不中斷了。

一九八六年，越南終於改革開放，街道似乎多了點色彩。阿姨的丈夫突然被釋放，他們的生活開始有些細微而緩慢的轉變，但阿姨並不滿意，因爲她記憶中更多的是金邊的洞里薩湖，那遼闊的淡水湖有著豐盛的魚蝦蚌貝，而且柬埔寨人皮膚黝黑、性格溫和平靜，相比之下，越南人口才太好，阿姨在越南過得並不快樂。

從南北戰爭結束到八〇年代中期，但凡經歷過越南共產黨「打資產」而還能偷偷保住黃金的華人，都想辦法偷渡離開。當時，阿姨輾轉聽到夫家的姪兒偷渡死了，但小姑偷渡成功了。左鄰右舍也時不時就有人悄悄不見，數月後傳來消息，人往往已經抵達澳洲、美國或德國；然而，也有人遭遇不幸，搭乘的整艘船沉沒公海。如此耳語來來回回，弄得人心惶惶，也勾起人們躍躍欲試的希望，可是要偷渡，費用皆以黃金計算，一人要價數兩，平時生活還要靠媽媽、姊姊接濟的阿姨，是哪裡都去不了的。她丈夫還在牢獄之中時，帶她闖過柬、越邊境的那位大姊姊曾向她提議：「要不要一起走陸路到泰國？住進難民營就可以申請到澳洲了。」但阿姨看著自己襁褓中的女兒，想著路途顛簸，要是在途中病了，無藥可醫；餓了，無奶可餵，就把冒險的念頭強壓下來。多年後，那位大姊姊從墨爾本捎信過來，信上寫著：「當初妳跟我走，就不會受苦這麼久。」

對阿姨而言，越南是她的挫折之地，對阿姨的丈夫而言，牢獄經歷更是不堪回首，於是，一九九一年，兩人決定帶著大、小女兒，離開了雖有起色但仍滿目瘡痍的越南，前往臺灣。

安康市場的越南家鄉味

阿姨一家賣掉房子，湊到一半的錢、再向丈夫的六姊借貸另一半，買了飛往曼谷的機票。她們中午抵達曼谷機場，被安排在倉儲區等待至晚上，才轉搭深夜的華航班機前往臺北。當班機平安降落時，機艙內響起一陣掌聲，有人歡呼：「得救了！」大家懷著僥倖逃脫的幸福與忐忑，走進機場大廳，光亮潔淨的地板磁磚映照著一列短短瘦瘦的人影，他們全是仁德專案接來的越南華僑，滿心期待能在臺灣好好過日子。

阿姨全家和其他人一起被安置在僑光堂過夜，空蕩的大禮堂只有一排排整齊的椅子，眾人蓋著僑委會贈送的薄毯子，或躺或坐在椅子上，等待天亮。

走出僑光堂大門，迎面是臺北耀眼的陽光，馬路上汽車飛快奔馳，天橋上人潮熙攘，映入眼簾的是瓊瑤電影的場景，讓人感到有點恍惚。

丈夫的六姊一家早前已透過仁德專案移居臺灣，住在安康社區，他們把弟弟接來臺後，分出一個房間給四口人暫時棲身，不久便鼓勵弟弟在安康社區附近的木柵路上另外租屋。

九〇年代初期的臺北有很多工作機會，華僑們透過介紹進入新店、深坑一帶的工廠工作，其中，大家最想進的是薪資福利比較好的通用汽車大廠。體力健壯的人也可以去工地做工，薪水更多。阿姨最初在寶橋附近的電子廠工作，沒多久，臺灣的電子廠搬遷到中國大陸，她便換到忠順街的小廠，負責電子零件測試，月薪差不多一萬四，有加班的話會到一萬五千元，但若商品遭客戶退貨，負責的整組人就被扣薪，該月大概只能領到一萬兩千元。工作數年後，忠順街的電子小廠關閉了，阿姨又再轉去小家庭裁縫代工，但做了幾個月，也收了。一九九八年，在臺北工廠全數搬去大陸之前，阿姨來到安康市場擺攤賣雜貨。

長期以來，安康社區是政府安置仁德專案歸僑的住所，華僑們沾親帶故，即使搬出社區，也都在周邊租屋，在木柵形成不大不小的越南華人聚落。不過，此地越南來的人雖多，卻缺少販售越南食材的店家，如果想要一瓶魚露，大家得跑到新店的泰國商店去買。阿姨在安康市場租下一個攤位，一切從零開始摸索，最初是跟泰國店批泰國魚露、泰國金山醬油、冬蔭醬、潮州冬菜來賣。當時，木柵人主要去木柵市場和木新市場買菜，安康市場早已沒落荒涼，僅剩兩間臺灣雜貨店、一間枕頭棉被店、一攤豬肉，很少人知道這裡新開了一攤越南雜貨，阿姨往往枯守攤位，一天頂多只賣出一瓶魚露。

漸漸地，大家嫌去新店購物太遠，才逐漸轉來安康市場跟阿姨買調味品。阿姨陸續增賣泡麵、米線等乾貨，丈夫的六姊也租下旁邊的攤位，賣起越南蒸春捲、綠豆餡湯圓等小吃，提供零星的外帶。接著約二〇〇〇年以後，臺灣男人大量迎娶越南南方女孩，他們打聽到阿姨的攤位，便帶著年輕的妻子遠道而來採購。臺灣的食品進口商也注意到新興的越南市場，會來詢問阿姨想要進哪些貨品、有什麼需求？就這樣，越南魚露、咖啡、煉乳、蝦醬、米粉、春捲皮等等，終於在臺灣上市，遠嫁來臺灣的越南女孩們無比欣喜，家鄉的食材，安撫了她們離家的惶恐。

越南女孩們喜歡問，有沒有鴨仔蛋？有沒有包春捲的香草？有沒有唱片？有沒有西寧蝦鹽？凡是她們提出的要求，阿姨都會想辦法滿足，於是，彰化的蛋農學到了孵鴨仔的方法，雲林的菜農開始種植勒沙葉、薄荷葉、芋荷與水合歡，至於唱片等需求，則由旅行社帶來越南詼諧劇、流行歌的光碟。大家想要的，大部分都有了。

遷臺十餘年，阿姨和丈夫總算打造了足以安頓生活的事業，兩人既忙碌又喜悅。此時，丈夫的六姊不賣熟食了，也改賣雜貨，其他華僑紛紛進駐市場，越南河粉、美甲店、越式金飾店相繼開張，越南語音此起彼落，整個安康市場因越南食材而顯得生氣勃勃。

安康市場變熱鬧，臺灣雜貨店也跟著受惠，人們買了家鄉貨，也會彎過去買砂糖、買飲料。還有算命阿伯也來擺攤子，用國語、臺語外加比手畫腳，爲越南女孩們算紫微斗數。

不過，安康市場並非永遠充滿正能量，隨著南方女孩嫁來臺灣的人數越多，當她們的臺灣夫家還在摸索該如何對待遠來的兒媳婦之際，華僑社群對此也抱持多種態度，難免有人高聲評斷這些女孩，阿姨沒辦法一一阻止，只好裝作沒聽見。同時，越南當地因著改革開放而有臺商進駐，當地人於是更熟悉臺北、高雄等城市的名字，又因爲嫁娶之事，對臺灣人的某種難以言明的情緒，慢慢擴散開來。

二〇〇四年，段氏日玲受虐事件*爆發，引起譁然，二〇〇六年，又有阮氏紅琛命

---

* 遠嫁來臺灣的越南女子段氏日玲，遭到丈夫劉正祺及其前妻林麗如聯手拘禁、凌虐，使她從四十公斤瘦到只剩二十九公斤，兩人將奄奄一息的段氏日玲棄置在臺中工業區路邊，幸有民眾發現而送醫獲救。此事件不僅震撼臺灣社會，還廣傳海外，一度影響臺灣在越南的形象。

案，*越南人往臺灣嫁女兒的熱潮幾乎是被澆熄，後來轉向嫁往南韓去了。無獨有偶，臺北市政府認爲安康市場荒廢太久，該是時候拆除改建作其他用途，阿姨參與其中才剛成形的越南食材小聚落，迫不得已，只得快速解散。

木柵市場的國際商店

無奈收掉店面的阿姨，拿著市府給的遣散費，在木柵市場後門租了一間店面，然而此一時彼一時，生意卻已大不相同。當時，臺北郊區的電子工廠幾乎絕跡，成衣代工也沒有了，建築工地也暫時少了，許多華僑頓時失去工作，只好出來販賣小吃或雜貨。此外，許多嫁來臺灣的越南女孩適應了臺灣生活之後也想開店，於是木柵區乃至整個大臺北，如雨後春筍般，紛紛冒出許多越南小店家，大家的客源或多或少重疊，彼此激烈競爭，便壓低了利潤。在這個情況下，阿姨每天早上七點出門，晚上七點回家，一天工作十二小時，才勉強維持住自己的事業，就這麼過了好多年。

相對於其他店家，阿姨店裡的越南風格比較淡，她懂得國語、潮州話、柬埔寨話、廣東話、越南話，什麼都懂一點點，但都不是非常流利。阿姨的華人口音、南越腔的越南語，自然而然吸引不了新來的北越看護工，但北越看護工因爲逃跑率太高，很快被政府禁止引進，阿姨的店便只剩華僑和少量南越配偶等老客戶會上門。好在，不久之後，印尼姑娘們出現了。

阿姨的店整潔明亮，販賣東南亞食品卻沒有鮮明特定的國族特色，這點讓印尼勞工們感覺自在，大家寧可來阿姨的店採買，用零星的國語、英語和手機Google圖片詢問食材。還有些人曾經在香港工作過，乾脆用廣東話和阿姨溝通，甚至還會帶朋友來，自己當翻譯協助採買。交錯融合、什麼都有一點、什麼都包容，也許正是因爲這樣的多元特色，阿姨的店才誤打誤撞成爲印尼社群的聯絡據點吧。

阿姨認眞地招待新顧客，辛勤不亞於當年創業的時候。印尼姑娘們告訴阿姨，想要芫荽子、臭豆、天貝、新鮮辣椒、芭蕉葉，想要在伊斯蘭新年吃椰棗，阿姨都想辦法叫貨。木柵區的看護工薪水偏低，但好處是時間較爲自由。有印尼姑娘跟阿姨要折扣，爲

＊　臺灣南迴鐵路於二〇〇四年至二〇〇六年之間，發生多次軌道遭到人為破壞而導致交通意外，在一次嚴重的火車出軌翻覆事故中，警方發現車廂內有越南籍女子阮氏紅琛的遺體，相驗後判斷為加工死亡。經追查，阮氏極有可能遭到擔任臺鐵知本站售票員的丈夫李雙全及其兄弟李泰安設計殺害，意圖詐領保險金。全案也被媒體稱為「南迴搞軌案」。

不能出門的姊妹採買各種日常所需，經營起小小的代購事業。也有人煮家鄉美食給阿姨試吃，阿姨提議調整味道，不要太鹹、少一點辣，這樣臺灣人也能吃。而對越南婦女，阿姨則提議，把蒸春捲的豬肉內餡換成雞肉吧，這樣印尼人也能吃。大家以阿姨的店爲據點交流，漸漸地，越南人開始好奇想嚐嚐印尼的巴東牛肉、薑黃飯，印尼人肚子餓時會買越南糕點和春捲，而週末逛市場的臺灣人看見琳琅滿目的異國餐盒，也深受吸引，拓展了自己的味蕾地圖。

阿姨的店通常是上午熱鬧，下午冷清。寂靜無人的時候，隱約展現另一番私密風景，堪稱商業之餘的人情國際商店。

印尼的阿蒂喜歡時不時來店裡停留，她一邊幫忙阿姨修剪香茅，一邊閒話家常。在當家庭看護以前阿蒂曾在工廠待四年，存了不少錢，不但在老家整修房子，還買了一塊地登記在自己名下，交由爸爸管理。阿蒂的媽媽早逝，她是爸爸帶大的，言談之間對爸爸十分尊敬與孝順。她曾大膽述說自己想要轉去日本從事地下酒店的工作，這樣會賺得更多，但因爲顧慮爸爸的心情而放棄，選擇繼續乖乖當個低薪的看護。

歲末年終之際，有位印尼大姐，總會搖搖晃晃地來到店裡，買一罐飲料坐著喝，阿姨知道她才剛幫雇主家大掃除完畢，累得只想發呆，就不理她，自顧自的整理起貨物來。或有越南大姐曾一進店門就放聲大哭，說自己辛苦工作寄回家的錢，都被老公花光了。阿姨模仿過去安康市場算命先生的動作，拉起大姐的右手掌仔細端詳，結結巴巴地說：「妳的命很不錯，會賺很多錢，但妳要懂得自己存起來，等回去的時候再帶回去。」阿姨的女兒們聽到不擅言詞的媽媽竟會如此安慰人，樂得哈哈大笑。

除了辛勞的婦女們來店短暫透氣，一些家務出了狀況的女生也會來找阿姨。

有位柬埔寨女生，從漂亮少女時期就常來光顧，現在已經是三個孩子的媽，先生總是病懨懨的，然而手機中竟然有與其他女生的曖昧簡訊。她發現後跟丈夫大吵，氣呼呼地說：「要亂搞大家就一起亂搞啊，以我的長相，一定可以找到別的男人。」她對著阿姨嘮嘮叨叨兩個小時，才稍微心平氣和地回家。

另有一位越南女生的先生去世了，夫家要她搬離住處，她雖害怕，仍不失機伶地先取走先生留下的房屋所有權狀，交給阿姨代爲保管。阿姨拿著文件，狐疑地問大女兒該怎麼辦？大女兒覺得：「先生的房屋理應由太太繼承吧？她最好去問一下法律扶助基金會，藏房屋權狀也不是辦法。」

或是越南女生經過了十年貧乏的婚姻，終於下定決心離婚。她不想讓越南姊妹圈子知道自己的痛苦，就想到找和越南移民圈若即若離的阿姨幫忙。看著來到店裡的她臉色憔悴、眼眶浮腫，阿姨的大女兒二話不說，幫忙不識字的她填寫離婚協議書。

一輩子，也許就這樣了

阿姨辛勤工作了三十幾年，開店生涯也有二十來年了，遺憾的是還沒能夠買到間房子安身。阿姨可能不知道，在她來臺灣前一兩年，中國發生了天安門事件，臺灣則有無殼蝸牛運動，世界正劇烈地變化著。她幾乎不問世事，只是埋頭苦幹，兜兜轉轉地一直住在木柵一帶。聽老木柵人說，當初此地的房屋一坪是六萬、十萬、二十萬，但不知何時開始，小店對面新建起高聳潔白的大樓，房子的價格漲到一坪七十萬。

四年前，阿姨養了一隻健康敏捷的白腹灰虎斑貓。她平時的樂趣是喜歡買幾張樂透，對著貓咪說：「讓媽媽中樂透，買了大房子，就多養幾隻貓咪陪你好不好？」灰虎斑貓喵了一聲，不置可否。

也許阿姨就這樣一輩子留在木柵吧。她喜歡吃金邊粿條，也喜歡吃越南春捲，而這兩樣食物，木柵都有了，還外加溪流蜿蜒、青山疊黛，遠方山腰上，矗立著一根畫著卡通長頸鹿圖樣的彩繪大煙囪。

留在這裡，沒有什麼不好。只是，阿姨偶爾還是會想起她那被赤柬殺害的二哥，想起炎熱的金邊洞里薩湖，想起那位招她偷渡泰國去澳洲的大姊姊。然而，那些事都已經離得好遠好遠，成為回憶時的感嘆了。

第三部

結婚了，然後呢：姊姊妹妹們的臺灣生意

美玲姐的遷徙路線。

CHAPTER

07

美玲姐的無名越南小吃店：隱形的燈塔

——王光輝

一月的臺北，春寒料峭，日夜溫差大。走進美玲姐開的，這間位於公寓一樓的無名小店，迎面而來的是高湯熬煮所產生的撲鼻香氣。

小吃店由一樓前面空地改造而成，左邊是烹調區塊，擺著兩臺可移動的攤車，一臺向著馬路，另一臺則對著右邊的牆壁，呈現一個反L字型，攤車的出入口處剛好對著屋內的大門，方便進出取食材；店的右邊是用餐區，兩排長桌和一張折疊桌，擺了好幾張椅子，大約可以坐十組客人。

穿著暗紅色無袖上衣的美玲姐，忙碌中看見我們走進門，以溫暖的微笑迎接，霎時點亮了昏暗的小店。美玲姐和小兒子急忙將桌面殘留的烤雞殘渣清理乾淨，用濕布擦拭桌子、請我們入座，很親切地與我們分享她的生命歷程和小吃店的歷史。

父母答應，我就嫁過來了

美玲姐出身於越南西貢，是越南華人，正值花樣年華便嫁到臺灣。光陰似箭，她在臺灣生活，在我們認識她的時候，也踏入第二十一個年頭了。她邊回想著邊說，自己「當時嫁來臺灣的第三天就開始工作了」，就這樣一直忙碌到不惑之年。我們問她，「妳怎麼可以這麼快就找到工作？」她表示是因爲「來之前就已經安排好的」。原來，美玲姐在移居臺灣之前，先生早已請託同鄉在新店的一家電子工廠幫她安排好一份工作，而她當時抵達臺北後沒幾天，還沒搞清楚東南西北時，就去上工了，一做就是八年。

美玲姐悄悄地告訴我們：「其實剛開始工作時，是非法的，因爲身分證還沒拿到，所以有警察來查時，沒地方躲，我就得跑。有被抓過三次，抓到就要罰錢。」爲了家中生計，當初美玲姐必須鋌而走險，等不及合法證件下來後才開始工作。幸好，她後來順利的在一年內獲得了臺灣身分證。

美玲姐的先生也是越南華人，曾經在西貢生活一段時間，十幾歲時遷移回臺灣。在西貢時，他們兩人其實住得不遠，美玲姐住在第六郡，她先生則在第五郡，只有一河之隔，但來臺灣之前他們互不相識，一直到先生在一九九〇年代末回越南探親旅遊才結緣。美玲姐說：「他（先生）舅舅經常會來六郡這裡踢足球，我哥哥和他是球友。剛好他（先生）回越南時就住在他舅舅家，有一次一起踢足球時，透過我哥哥的介紹就認識了。」她還打趣：「當時候我其實有很多人追耶，會想和他交往是因爲他是華人。」

就這樣，他們從晚上相約出來喝茶聊天開始，進而交往、論及婚嫁。先生在回臺灣沒多久後，他的父母就到越南向美玲姐的父母提親，美玲姐就這樣飄洋過海到臺灣展開新生活了。

妳那麼會煮，不如就自己開店吧！

二十世紀九〇年代，臺灣經濟正處於發展的巓峰期，許多高科技產業配合政府的政策在新店地區開設工廠，大幅增加了當地的就業機會。美玲姐住在木柵，距離產業園區不遠，在同鄉友人的介紹下順利進入電子工廠工作。由於先生家的經濟條件不算富裕，美玲姐希望可以幫家庭多增添一份收入，所以工作非常勤奮、任勞任怨，工廠老闆也很喜歡她，會特意幫她安排比較多的班，好讓她可以有多一點收入。

二〇〇七年，金融危機造成世界經濟蕭條，工廠生意大不如前，美玲姐的工作班次大幅縮減，影響了家中生計。過去，她可以從白天工作到晚上，一整天都有工作做，現在班次減少，待在家的時間變多了。所謂手停口停，美玲姐還有家人要養，便開始有了尋求新出路的打算。平常在工廠裡，美玲姐都會應同事的要求煮一些道地的越南美食分享，大夥對她的廚藝讚不絕口。在她收入大幅萎縮的此時，有同事便建議，既然妳這麼會煮，煮得那麼好吃，不如出來自己創業開店吧！反正大環境橫豎是短時間內無法改變了，美玲姐下定決心，小吃店就這麼開張。

美玲姐認真忙碌的背影。（王光輝／攝）

我們問美玲姐：「妳做菜那麼厲害，是跟誰學的？」她回說：「沒有。都是自己學的。以前媽媽在越南賣吃的時候，我都會在後面看。到這裡之後，就自己亂做，隨便亂加，就會了。」除了道地的越南美食以外，店裡還賣她拿手的越式咖啡。美玲姐說她在越南時就是賣咖啡的，說到這，她跑進屋裡，拿來一大包越南咖啡粉和滴漏容器給我們看，說：「那！就是這個，咖啡粉放在壺裡，加熱水讓它慢慢滴慢慢滴，就可以做出好喝的咖啡了。」她還說，跟越南相比，在臺灣做吃的相對比較簡單，因爲不用把食物送到客戶那裡去，臺灣客戶都習慣自己到店裡來吃。

美玲姐的小吃店，最初開在興隆路附近的巷子裡，距離現在的新店其實只有距離短短幾分鐘路程。那是一間狹小的店鋪，之前的租客也是經營小吃的，剛好想轉讓，美玲姐就把它頂下來了。她這一投身經營，就是十二年。前面三年，她在一開始的小店面，第四年才遷到現在的地方。美玲姐說：「剛開店那三年，因爲店面是小的，不能住，只能賣東西而已。我每天都要回家睡覺，就在興隆路四段那邊。後來搬來這一邊，你看，房子這麼大，客人也多，做也做不完，又有得住，那就住啊，這裡很方便。我剛好找到，喜歡。」這房子是買的嗎？美玲姐笑說：「哪有？租的，一個月三萬。做了半天生意哪夠付房租啊？還好先生有工作，可以幫忙付。」

豐盛、豐富的店與人

美玲姐的小吃店生意經營模式相當特別，每天販賣的菜色都不一樣。爲了迎合不同客人的味蕾，店裡每天都會有兩道不同的湯麵類供饕客選擇，一道味道相對清淡，另一道則偏重，如果來客都不喜歡，還有固定的碎米飯和法式麵包可以選擇。菜餚每週都會循環一次，爲了方便客人，美玲姐在牆上掛起了大大的餐牌，上頭清楚列明每天販賣的佳餚。

在衆多菜餚中，星期五的蟹肉米苔目是採訪者之一的最愛。這是一道有別於一般人對越南料理刻板印象的傳統美食，由蟹肉、豬肉、豬肝和米苔目組成，配上濃稠的湯頭，味道卻意外地清爽，再錦上添花地擠上幾滴檸檬汁，更是刺激食者的食欲。內行人點這道料理會再配上油條，將油條浸泡在湯汁內，等油條吸飽湯汁後吃更別有一番風味。

如果在星期天造訪美玲姐的店，會更感驚喜。由於週日先生不用上班，獲得店內小幫手的美玲姐準備的菜更是隨興所至、百無顧忌了，常常有別地方見不到的好料。美玲姐說她曾經試著每個週末都來點不一樣的，但有時候眞的會忙到忘了上週末煮過什麼。爲什麼要那麼辛苦變化這麼多菜色呢？「這樣客人才會吃得開心啊！雖然辛苦一點，但這樣客人就可以每天吃到不同的東西。」正是這種熱誠，讓美玲姐的店客似雲來，人潮川流不息，將一間大約只有六、七張桌子的小店擠得水泄不通。

小吃店經營了十二年，美玲姐累積了不少死忠客人，除了越南同胞，也有臺灣人和外國人。由於店裡沒有招牌，一般人如果與美玲姐或越南沒有任何淵源的話，即使住在木柵社區內，也不一定會知道店的存在。我們在機緣下碰到了幾名臺灣饕客，便詢問他們如何得知美玲姐的店。從店在興隆路那裡就開始光顧的林先生說，他太太是越南人，所以就認識了。「她還沒在這裡賣時，我就已經認識她了……這裡比較客製化，不像別家店，是什麼就弄什麼的，她這裡是可以調整的。」

每天都會準時報到的曾姓夫婦則說：「我們認識美玲姐已經有六年了。以前每次到木新市場買菜時都會經過這裡，常常看到店裡擠滿了人，但從來都沒進來過。後來知道原來是小孩同學母親開的，才走了進來。剛開始被聽不懂的語言圍繞著，還覺得自己像是外國人，久而久之熟了後也就沒有感覺了。」曾太太說，「她都會叫我阿蘭，因爲我的名字有一個『蘭』字……美玲姐待人眞誠……現在熟了，有時候我會跑進廚房看她處理食材……她做事很用心……因爲我不吃鴨肉，所以她會幫我處理，就是我一來，我說我要那個，但我不要鴨肉，她都客製給我。」曾太太還調侃自己說像是個「奧客」，曾先生則連忙補了一句，「奧客特餐」，我們也哄堂大笑了起來。

擔任警察的許先生則是秉持著勇於嘗試美食的精神而與美玲姐結緣。許先生在一次巡查時發現這家小吃店，而且常常聚滿了人，心想「好吃的店才會有那麼多人排隊啊」，就趁休假時跑來嘗鮮。許警員說，他之前很少接觸越南料理，是嚐了美玲姐的料理後才有了更多體驗，現在已經三年多了。雖然住在木柵，但他從來沒有嘗試過其他家的越南料理，「因爲這裡的變化比較多，不像其他的店都將商品陳列出來，她專精在每天不一樣的湯頭上面，所以比較特別，每天的變化都是不一樣的」。

曾姓夫婦說他們本身就很喜歡南洋料理，試過其他家的，也曾跑到華新街那裡去（新北中和緬甸街），但還是覺得這裡比較好吃。「美玲姐用料實在，分量又多，早餐吃完後幾乎都不用吃午餐了。」對於客人的高度評價，美玲姐則很謙虛地說：「我這裡沒有什麼厲害的料理，只要客人吃得開心就好。」而正是秉持著這樣的信念，無論今天來店的客人是誰，美玲姐下料時從不手軟，就算碰到蔥價高漲的時節，她仍舊撒蔥花蔥段不手軟。每次我們去店裡用餐時，她都會很豪氣地將食材堆得像山一樣高，實在誇張！曾經有客人因此忍不住對美玲姐說她賣得實在太便宜，又煮得太好吃，這樣賺太少了。雖然獲得客人的讚賞讓美玲姐欣慰，但她並沒有因此而得意或有漲價的打算。她知道賺錢辛苦，所以不願意隨意調整價格，「只要有賺就好」。

店裡的老客人幾乎天天報到，所以美玲姐都記得他們喜歡吃什麼，如此用心的經營，讓小吃店成了許多客人生活中不可或缺的一部分。幾年前，美玲姐不小心跌倒摔斷了右臂，必須休息至少六週，小吃店因此歇業了一段時間。那陣子，不少客人不停來打聽她什麼時候會恢復營業，因爲實在太想念她煮的美食了，美玲姐被問得有些不耐煩又不好意思，只休息了一個月就趕緊復工了。那手臂有完全痊癒嗎？美玲姐笑說「在忙的時候根本沒時間想這些」，卻不自覺地揉起了右手臂。

餐桌上的文化衝突

雖然美玲姐如此勤勞、熱心爲客人著想，受到許多人的喜愛，但有時還是會碰上因文化不同而兩難的情境。

店裡的菜單看板上，有一道很受歡迎，但已被塗蓋掉多時的料理，每次聊起這件事，美玲姐就很無奈。三年前，她曾賣過一道魚醬米線，是道道地地的越南美食，不少饕客只消聽到大名就會垂涎不已。魚醬米線的湯頭製作不易，要在高湯中熬煮發酵過的魚肉數個小時，然而美味有其代價，熬煮過程中產生的濃烈氣味，並不是每一個人都能接受，尤其是對飲食文化不同的臺灣人來說。美玲姐的店位置剛好坐落在公寓住家一樓，烹調過程中的氣味容易往上飄散，樓上的一對老夫妻覺得自己的生活品質受到影響，因此每當美玲姐在準備這道菜餚時就會遭到他們的投訴，到最後，甚至連里長和環保局都前來「關切」了。

直到現在，美玲姐講到這件事時語氣中仍帶有一絲無奈，她說：「不賣就不會有麻煩了，懶得吵，所以不賣了！」「其實其他鄰居都沒事，就只有這對老夫妻常來找麻煩。」爲了這道魚醬米線，她當時遭這戶鄰居檢舉、謾罵好幾次，檢舉她的那位老先生，還曾經想拿裝滿垃圾的袋子往她的店內丟，讓她氣得一度想提告，但後來顧慮到雙方畢竟是樓上樓下鄰居的關係，以後還是要共處的，最終選擇息事寧人，忍了下來。雖然老夫妻的孩子事後有表示歉意，美玲姐也曾試圖改善與老夫妻的關係，但都徒勞無功。不愛吵架的美玲姐，只希望能夠平平安安地過日子，但她說，現在即使不賣那道菜了，有時候還是會被檢舉。

此外，美玲姐的小吃店還有一個特點，那就是沒有招牌。雖然這間店緊鄰著熱鬧的傳統市場，卻相當低調、隱蔽，除了沒有招牌，店門口還常常停滿了機車，如果不仔細留意的話，根本不會察覺原來這裡有一家小吃店。有熟客說，會這樣是「因為生意太好了，所以索性連招牌都不掛了」，但其實不然，按照美玲姐的說法，「其實在二〇一四年以前，店裡是有招牌的，但因爲發生了中越南海油權爭議事件，越南排華消息頻頻傳回臺灣，朋友勸說，爲了避免遭到臺灣人遷怒砸店，建議我把招牌給拆下來」，自此之後，她索性不掛招牌。因爲主要經營熟客的生意，沒招牌對生意影響其實不大，物美價廉的口碑仍舊口耳相傳。

在小吃店裡團團轉的生活，雖然稍微有些風雨，但不管發生什麼事，美玲姐始終堅持下來了，撐起了屬於自己的一方小天地。

隱形的燈塔

無論何時到訪，美玲姐的店人潮總是源源不絕。除了來用餐的饕客，還有來聊天的越南姊妹。這些結伴成群的越南姊妹幾乎每天造訪，聚在一塊用越南語摻雜一些粵語、臺語，聊得不可開交。她們之中有些人是下午才上班，早上閒來無事就會跑來店裡聊天，待到中午才離去；有些人則是在家帶小孩無聊，乾脆把小朋友帶到店裡來與同鄉姊妹聚餐閒聊，打發時間。

店裡一有小孩出現，美玲姐就會親切地請他們吃一小碗米線。來店的越南姊妹們偶爾也會自己帶一些食物到店裡與美玲姐分享。我們就曾看過一名越南姊妹帶了顆新鮮的椰子到店裡來，當場將椰子剖開，抓著湯匙在那刮椰肉與大夥分享。每到週末，更是店裡熱鬧的時候！平日許多先生們因爲要趕著上班，總是匆匆忙忙地吃完就離開或是打包帶走，但到了週末，大家休假時會聚在店裡聊天，一坐就好幾個小時。美玲姐的店平日是太太的天下，假日則成爲先生們的交流園地。

在店裡聚會時，同鄉們會在美玲姐忙不過來時主動幫忙，例如跑腿到市集幫忙買東西、幫忙清理餐桌，或是幫忙端菜餚給其他客人。美玲姐也很信任熟悉的客人們，在她忙得抽不出手來收銀時，她都會請客人到攤車上的零錢盒自助找零。她從來不會趕客人，有許多熟客常常吃飽後都會待在店裡聊天，她也無所謂，只會在客人聲量太大時出聲提醒，免得影響到左右鄰居。老客人們其實也非常有默契，用餐完畢後雖然不會立即離開，但只要有新客人想進來用餐，他們都會很主動地讓出座位，從不會耽誤美玲姐做生意。

就這樣，建立在信任與默契之上的美玲姐小吃店，透過美食的網絡，不僅填飽大夥的肚子，更漸漸成爲同鄉聯絡情感的地方，甚至是新移民問題解決與資訊交流的中心，而這一切和美玲姐爲人和善、樂於助人的性格有很大的關係。同鄉們遇到問題時都會求助於美玲姐，譬如有些越南移民不懂國字，遇到要塡寫繁瑣的申請表格時都會到店裡請懂國字的美玲姐幫忙，她也不厭其煩，總是能幫就幫。還有一次，一名爸爸因即將面臨無家可歸的窘境，想申請政府的社會住宅，又不知道從何下手，在同鄉的介紹下找到了美玲姐幫忙。美玲姐不但幫他塡好申請表格、準備好資料，還陪他到機構處理相關事宜。雖然之後有社工介紹社福機構給這位爸爸，但他還是認爲「有事只要找美玲姐就好了」，展現了絕對的信賴與依賴。

有人上門求助，美玲姐總是二話不說盡力幫忙，第一個行動，而這也展現在她店裡張貼了許多越南文廣告、名片的牆面上，有安親班、語言班、駕駛學校……等等。這些針對特定族群的商家，深知美玲姐的店是許多越南移民活動、社交的據點，紛紛來這裡要求張貼海報、文宣，美玲姐也從不推托，總是爽快地答應，小吃店也因此無形中成了社區與移民之間交換訊息的中繼站。

雖然對此從不多說些什麼，但相信不管在哪個人眼裡看來，沒有亮晃晃招牌的美玲姐的店，就猶如一座隱形的燈塔，默默在興隆社區屹立著，美玲姐則是燈塔上的照明燈，爲越南移民指引方向。

大隱隱於市，認真過生活

美玲姐的同鄉常常會羨慕她，覺得她的生活過得不錯，經營的小吃店不但生意好，也只需做半天，比起上整天班來得輕鬆，但美玲姐卻從不這樣認爲。店裡的餐點雖然只賣到中午十二點，有時候生意好，食材提前耗盡，她也會提早打烊，但這卻不代表她下午就沒事，可以閒著了。由於店裡時時提供最新鮮、豐富多變的菜色，湯頭每天都要重新熬煮，因此中午打烊、美玲姐休息片刻後，下午她就要開始準備第二天的食材。她說：「雖然菜、肉都是新鮮的，但像豬肉，還是需要除毛、切片，然後還要熬湯頭，從兩點熬到五點。如果是牛肉的話，要煮到它變嫩爲止。這些都要花上好幾個小時。另外餐具和餐具盒也要洗一遍，桌子、椅子也要擦乾淨，其實並沒有很輕鬆。」

食材的準備相當耗時、耗力。有時候上午到店裡用餐時，窺探屋內可以發現美玲姐的家人已經開始在撿菜、挑菜、拔豆芽了。每天就是這樣，早上六點開門營業到中午十二點，下午準備第二天的食材，生活就是這樣忙忙碌碌的。

大家都知道美玲姐做起料理來總是竭盡全力，而且真材實料，絕不容許一絲馬虎。有一次，我們到店裡用餐時已經快十二點，店裡的餐點賣得差不多了，但還是有越南同鄉跑來要打包帶走。雖然他們和美玲姐用著越南語溝通，我們並無法確知雙方在說些什麼，但從他們的肢體語言大概可以猜出一些端倪，大致內容是餐點只剩湯渣了，美玲姐問客人要不要？客人表示要，美玲姐便抬起那個比她身軀還大的鍋子，將那寥寥無幾的湯渣全部倒進塑膠袋內，又額外再加入一些高湯，打包給客人。這些老饕們顯然知道美玲姐湯頭裡藏著眞材實料，所謂好料墊底，所以即使是湯渣也不捨得放過。

美玲姐說，大部分的食材都是她自己處理，兒子先生有時在家時也不幫忙，媽媽年事已高，身體健康狀況也不盡理想，就算想助一臂之力，美玲姐也捨不得，只肯讓她幫忙做一些簡單的，美玲姐因此特別能體恤他人料理的辛苦。有一次，同鄉想寄放一些越南甜點玉米椰子甜粥在店裡賣，美玲姐的先生試吃了後抱怨不好吃，建議她不要賣，她就幫同鄉說話：「你不煮你不知道，其實人家準備的過程是很辛苦的，不要這樣批評。」

個性獨立頑強的美玲姐，社交圈子不大，她自稱是一個不愛打交道的人。平常雖然樂於助人，不求回報，也感激大家對她的關愛，但她始終認爲只要過好自己的生活就好，不想去干預別人的生活，所以每每姊妹們在店裡閒聊時，她總是默默地在旁忙她的事，不太會搭上話。平常除了開店、關店、準備第二天的食材之外，美玲姐大部分時間都在家裡度過。她說，最讓她開心的就是星期天了，因爲隔天星期一，可以休息，而想當然，最讓她覺得痛苦的就是星期二了，因爲那是忙碌一週的開始，還要工作六天才可以休息。

星期一店休時，美玲姐最喜歡做的事情就是睡覺，她總是覺得自己睡眠不足，很希望可以天天睡到午後再起床。平日她大約早上五點多就要起床準備開店，每到星期五又要更早起，因爲隔天販賣的米苔目需要更長的準備時間。不過雖然星期一是公休日，她實際上也沒閒著，因爲需要準備第二天的食材，她往往下午兩、三點就又開始熬湯、準備食材了。店休日時她在店裡熬湯，即便蒸氣滿室熱得滿頭大汗，她也絕不拉開鐵門讓涼風吹進來，因爲她說，只要她一開店門，就會有人跑來找她聊天，這樣工作可就做不完了。

燈塔雖然天天盡責地發出光芒與希望，爲迷途的航海員提供指引，但在遇到困難時卻不懂得發出求助的訊號，美玲姐也一樣。在她能力所及範圍內，從來不會求助於別人。二〇二〇年因新冠肺炎疫情的關係，政府推出了一系列的紓困方案。許多同鄉姊妹都跑去申請了，也建議她一起申請，但美玲姐覺得要塡一堆表格、交一堆文件很麻煩，店裡又那麼忙，根本走不開，不想折騰在這些事情上。她認爲生活還過得去，不需要政府的幫忙。

這種倔強的性格，偶爾會讓美玲姐吃上悶虧。她的大兒子有一次在下雨天時送外賣路滑摔車了，雇主讓他在家裡好好休養一個月。美玲姐認爲兒子好像沒有什麼大礙，便沒有向雇主索賠醫療費用，機車的維修費也是兒子自行吸收，結果一個月後，大兒子準備回去上班時，雇主竟然說已經另外請到人，他不用再來上班了。美玲姐聽到後當然很氣憤，認爲雇主這樣的行爲實在過分，但卻無可奈何，向常來光顧的許警員抱怨了一番，許先生也很熱心，表示可以協助美玲姐的大兒子向雇主求償，但美玲姐一番思考後，還是選擇不追究，忍了下來。

總是低調做事的美玲姐，祈求踏踏實實地過好每一天，務實的她從來不太介意別人的想法，也不跟隨姊妹們的你一言我一語起舞。

美玲姐說她不喜歡拍照，更不喜歡拋頭露面，所以我們也以匿名的方式將她的生命故事呈現，她的人誠如她開的店，雖然緊鄰著繁華、喧鬧的菜市場，卻顯得如此置身事外，只是靜靜地、全心全意地想做好自己的事，從不大肆宣傳自己，也不隨波逐流。

她的人與她的店，像大隱隱於市的燈塔，照亮前來尋求光明的每一個人，持續散發溫暖的光。

秀君、春莊、秋梅的遷徙路線。

CHAPTER

08

秀君、春莊、秋梅的美甲店：指尖的自由

——江婉琦、周兆鴻

為什麼是美甲店？

在臺灣，不論是中老年人爲主場的喧鬧早市，或是年輕人熟絡穿梭的特色夜市，從清晨到午夜，我們總會發現許多小小間的美甲、美容攤，細細密密寄生在城市中的人流匯集地，在某個不經意角落裡，兀自繁榮。這類美甲店家小巧、燈火通明，裡頭常僅坐著兩名女性：一位舒服地坐在小沙發上滑著手機（有時是做粗工的男人），一位坐在小板凳上，正埋頭彎腰，臉幾乎要貼到纖細手指的指尖縫隙裡。

這位彎著腰瞇眼的女人，通常是一位來自越南的移民女性。她們給人的印象常是堅韌堅強，一張方形名片印著她們走跳地方市場美甲圈的藝名：秀君、阿美、秋梅、春

莊……不一定是完全眞實的本名，不過還保有一點自己。她們的專業美甲工作，全透過通訊軟體 LINE 聯絡，也因此手機必須從早到晚隨時開著，來承接熟客的預約，並等待新客隨時掃 QR Code 的新生意。

越南人做美甲，可不只在臺灣，而是遍及全世界。

不過，爲什麼會是美甲店呢？

一九七五年，越南統一之後，形成了一股越南移民潮。當時許多來自南越的移民開始往北美、歐洲、東亞及其他東南亞國家謀生，也逐步在當地形成了一股新的移民經濟圈。其中在美國，有一個比較有名的例子是，好萊塢著名女星蒂碧．海倫（Tippi Hedren）有次訪問了北加州的越南難民營，她發現一些越南人對她絢麗的指甲感興趣，便靈機一動，讓她的私人美甲師以及當地的美容師爲這些越南女性移民上課、做技術培訓，並透過實習讓她們可以在加州獲得美容業的相關工作機會。

這一段歷史，也成爲海外越南後人的佳話，間接影響了全球越南移民社群的經濟流動，改善越南二代移民的生活條件。

直到現在，越南人經營的美甲工作室在美國、歐洲、臺灣等地都很常見。其實這也跟臺灣在二〇〇三年的金融風暴有關。當時全球經濟受到影響，但同時帶動了中小企業的創業風氣，越南美甲工作室就是其中一個在當時如雨後春筍般冒出的「文化產業」。

今天在木柵的越南移民，有許多人是早年越戰之後，藉由臺灣政府提供的「仁德專案」來臺工作或就學的；後來在一九八〇年代末期臺灣興起跨國婚姻浪潮，這裡經由婚姻仲介嫁來臺灣的越南女性便越來越多，也因此在木柵形成了一個越南人社群。在木柵街頭，看見越南餐廳、越南小販、越南美甲美容店，還有聽見越南語、廣東話等其實是在地一件普遍的現象。而在木柵的美甲店裡，越南人更多，不只坐在店裡的美甲師傅是越南女性，來往的客人，有一般臺灣小姐、菜市場大姐、需要美甲師細心修剪繭皮的做工的人，還有一部分是在木柵的越南移民客人。美甲店，是木柵越南社群的其中一面。

不過，爲什麼許多越南女性來到臺灣，總是選擇做美甲呢？其實臺灣的美甲業一開始只是「理容院」的附屬，後來經過精細分工，才獨立出經營「美甲店」的風潮；在越南，美甲也通常包含在美容理髮院裡面，是一項更細緻的分工。對在臺灣的越南新住民姊妹來說，美甲好學、簡單容易上手，「很多姊妹一開始來臺灣不會中文，但可以去人家店裡做美甲工作，不用開口」。也有許多越南人先前在越南已經當過美容院學徒，「來臺灣後美容理髮鬥不過臺灣人，我們就做美甲」。美甲門檻低、移動性高。適合剛來臺灣，對環境陌生，需要一邊工作一邊養育小孩的越南姊妹。

越南姊妹秀君、春莊、秋梅的美甲美容店，就是這樣的存在。

走一趟早晨的木柵市場，熱鬧叫賣聲不間斷，來往的人們心裡譜了一張清單，各自買菜，稍微清閒一點的主婦，便會停下來，尋找屬意的美甲攤，犒賞自己一番。

美甲攤在市場裡也像菜攤，零星錯落，彼此之間競爭激烈，相互熟識卻不能交心。等攤子的生意穩定一點，許多人便會晉級成店面，或成爲其他店家的雇員，並開始爲自己的未來打算，做更多副業，賺更多錢；待打理好生活，在臺灣生活的時間也長了，越南姊妹的忙碌美甲生涯，才會多一些喘息的空間。

像是秀君、秋梅、春莊這樣的越南姊妹，各個都像超級瑪利歐，在生活中過關斬將，層層往上爬，賺金幣、吃香菇、跳烏龜，努力破關。「即使每個人都不好過，也要努力認眞生活，生命不就是這樣子而已嘛。」

秀君：我要努力賺錢

「客人怎麼還不上門？」木新市場內，秀君和阿美坐在剛開業兩個月的美甲店內，看著外頭炎熱的天，望穿秋水。內心焦慮得不停。

一過午，客人忽然統統現身了。門外不時有逛菜市的臺灣阿姨探頭張望，她們只得不好意思地招呼：「姊姊不好意思啊，還有三組客人，妳要做的話，要預約。」埋頭苦幹美甲師的客人早早預約排滿了，在喜悅的同時，也焦慮著。秀君戴著口罩，單眼皮，霧好的眉尾俐落，她低頭細細修剪客人指甲旁的粗皮，然後抬頭皺眉，「客人一多，看到她們在旁邊等，我也好緊張啊。」

秀君是越南廣東華僑，來臺八年，她跟親表姊阿美在木新市場開了這間「明君美甲店」，店全年無休，連市場休息的週一也開門工作。

怎麼這麼拚呢？「因爲我就想給我媽過上好日子。」秀君說她是家中的獨生女，小時候爸爸過世，媽媽一個人辛苦養大她。在木柵安康的越南華僑，許多人來臺後都想辦法帶家人過來。不過二〇二〇年初正值疫情，秀君跟媽媽只能講電話，「媽媽一個人在越南，也沒有什麼管道可以帶她來臺灣。」

秀君一九八五年生，家鄉在距離胡志明市一百二十五公里遠的同奈省，是鄉村地方。她十六歲就去人家的美容店學做美甲，「學費二錢黃金」。在越南，美甲是美容理髮店的子項目之一，秀君說在她家那邊要學的話沒有學校，而是找店家，當掉身上的黃金飾品當學費，從學徒做起。

秀君說她以前剛當學徒時，每次工作都特別緊張，心臟狂跳，手一直抖一直抖，「很緊張，我在那裡又不會騎車，還好我師父很好，每天順道來載我去工作。」學成後，她離開家鄉，到胡志明市工作，認識了老公阿明。

阿明也是廣東華僑，比秀君早來臺灣。秀君說阿明在臺灣親戚多，大伯、堂姊、表姊都在這，而她只有一個人跟著阿明過來。剛來臺的前三年，秀君不適應，想起十幾歲剛學美甲的心情，很是挫折，幸虧一路都遇上了好人，「老公親戚介紹我去學校的麵屋工作，那個老闆眞的好好。」

秀君與阿明美甲店的起點在市場，「一開始我就在美玲姐對面，擺小攤子。」她們都認識市場飲食店的美玲姐（第七章）。五年前，秀君在美玲姐的店對面做起美甲，常有越南同鄉先是在美玲姐店裡吃完飯，再到對面找她做指甲，慢慢地，她有了第一批忠實同鄉老客人。

美玲姐也是秀君的熟客，她說昨天去美玲姐店裡吃飯，還順道幫忙洗碗。對此，秀君笑說：「美玲姐看了我說：『哎呦妳那個手要給人做指甲的，別幫我洗碗弄臭了。』我說沒關係啊，我開心啊。」

小攤子做著辛苦，風吹日晒。後來經由朋友介紹，秀君去民權東路的美甲店工作，但下班時間晚，她又有兩個上國小和幼稚園的小孩，和孩子相處的時間大幅縮減，時間一久，「我的小孩都快不認得我了。」

秀君兩姊妹在木柵市場附近的美甲店。（周兆鴻／攝）

秀君始終覺得在臺灣無論是工作還是生活，她都是孤伶伶地，即便有老公和同鄉的陪伴也一樣。直到兩年前她的表妹阿美也來了臺灣，她才有安全感。二〇二〇年，她倆一起在木新市場開了明君美甲店。

我們採訪的時候，秀君已經來臺灣八年了，不過事業才剛要起飛。她們的店裡開始有口碑相傳來店的客人，例如有一位秀君以前在民權東路工作時接待過的阿姨，邊給她修著指甲，邊對我們說她住新店，特地坐了公車來光顧。

正當交談時，秀君發現阿姨的右腳大拇趾指甲左側長繭，她把鉗子扎進繭裡，血流了出來。眾人霎時停止交談，讓秀君專心應對這場「危機」。只見她一次又一次反覆扎入鉗子，阿姨偶爾露出猙獰的表情、忍著痛微微地叫幾聲，而秀君臨危不亂，拔除了幾個繭以後，即時消毒清潔，相同的處理程序再重複個兩三次，直到最後她才呼出一口氣說：「剛剛完成了一場小手術！」她看著阿姨原本刺進肉裡的指甲和泛紅的皮膚說：「一定很痛，妳不要自己剪——」說話的尾音拉得長長的，直直安撫人心，連指甲都被安慰。

「手術」結束後不久，有位臺灣客人走進店裡，說是剛剛給對面的「小紅美」弄完頭髮，臺灣美髮師小紅美推薦她去對面做指甲，她便頂著漂亮的髮型要來美麗她的指甲。

我們也發現，秀君會在美甲店裡用中文、廣東話、越南語相互切換「頻道」，而她使用不同的語言時，講出來的內容、心情、口氣都不一樣。當我們用廣東話和秀君聊天時，她的語氣更爲爽朗、直接，對話的感覺明顯和使用中文時不同。當我們講起廣東話，秀君說，她喜歡看香港

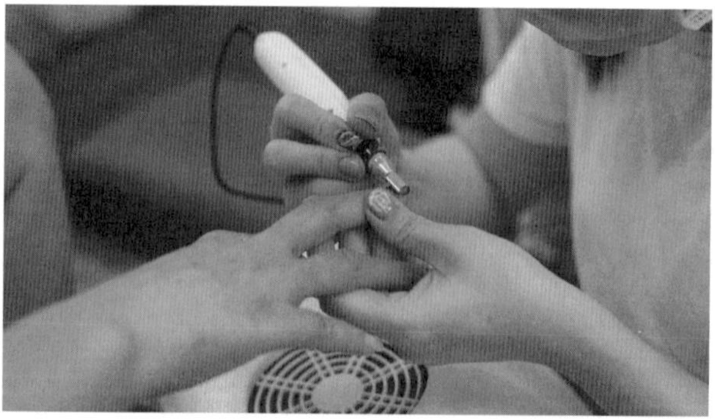

秀君在幫客人做美甲時使用的器具。（周兆鴻／攝）

連續劇，也喜歡聽廣東歌曲，這些都是她休閒時的樂趣：「你知唔知關禮傑（香港電視劇演員）？最近好有名的劇，他眞係好靚仔！……張學友那些，也是經常聽的！」

秀君就這樣在店裡低著頭，做了一雙又一雙手的指甲，幾乎沒停過。好不容易有個空檔時，她接了一通電話，是老客人打來的，說待會幫她介紹一個跳舞的過去店裡。「跳舞的？」秀君一邊做指甲，一邊開擴音對話，電話那頭的人接著說：「對，跳舞的，她來了妳就知道，下次再幫妳介紹跳海的、跳河的。」眾人聽了，在店裡一片歡笑，就連木新市場熱鬧的喧囂都掩蓋不了。

春莊：為自己也為他人

在木柵的指南路一段，有一家開在騎樓樓梯口內，看起來窄而長的美甲店。客人絡繹不絕，尖峰時段甚至需要預約，才能夠入內修指甲。

春莊在這家美甲店內，對待每個客人都是笑臉迎人。來臺二十年的春莊，來自越南前江省，現在的她事業涵蓋美甲、美容、按摩。幾年前，她成爲了衛生福利部的講師，爲許多新住民姊妹分享自己的心路歷程。

這一段閱歷，是經過一番辛苦，克服重重困難而來的。

春莊聲音溫柔細膩，也重視外表儀容。她形容，過去的自己是一位膽小內向的人，但來臺灣工作以後，因爲工作性質的緣故需要接觸大量客人，也需要和客人聊天、溝通，造就了她現在勇於表達自我、活潑開朗的個性。

回想過去在越南的生活，她形容自己出身貧困家庭，工作時也並不如意。特別是領著單薄的薪資，難以支撐生活上的種種開銷，也萌生想要跨境追夢的憧憬。「早年在越南的餐廳工作，一天薪資不到新臺幣一千元。」

二〇〇一年，春莊來到臺灣，在一次發傳單的兼職工作機緣下結識了前夫。當時春莊認爲，這位臺灣先生不菸不酒，而且敦厚老實，便把心靈寄託於他。同年，他們便註冊結婚了。

兩年後，春莊在臺北的莊敬高職修習美容美甲課程，計畫要勇敢地發展自己的事業，更希望在把自己的手藝推廣出去的同時，也能養家餬口。當時，她兒子已經十歲了，不再需要大人的隨行呵護，可惜前夫卻對她極不信任，也不贊成她繼續發展個人事業的夢想，甚至狠下心限制她在臺灣的財務及人身自由。這段時間，春莊經歷生命中的最低潮——家暴、精神及言語折磨，一度爬上屋頂要結束自己的生命。關鍵時刻，兒子在後方拉了她一把。

「兒子在一旁狂喊：『媽媽，妳不要死！』……我聽到這句話，才走下來，不想跳了。」兒子當下的吶喊，彷彿是春莊生命中的救命索，讓她重新抓住對夢想的羈絆。

二〇一六年，春莊離婚，兒子跟前夫一起生活，而她如願圓了創業的夢想。春莊先後租下了一層公寓，改裝成美甲美容工作室。然而，事與願違，創業及整修的過程中，並沒有想像中的順遂。她先是面對工作室壁癌的困擾，再是籌募創業資金遇到瓶頸。沒有了家人的依靠，春莊那段時間在臺灣，幾乎是每天獨自一人抱頭大哭，覺得命運不斷在爲難自己。

所幸，她終究克服重重難關，正式開啟了在臺灣第一間美容美甲工作室。

美甲和美容，是春莊事業的起點，更是她人生的一大轉折點。這間木柵市場附近狹小樓中設立的工作室，是一個人來人往的樓

春莊歷經人生考驗後，闖出屬於自己的天地。圖為美甲工作室一景，以及在工作室內的春莊。（周兆鴻／攝）

梯間，有地理和人流的限制。不過，因爲她的能言善道，慢慢建立起自己的客群網路，生意也越做越好。許多學生來做過美甲美容以後，都爭相推薦給身邊的親友，下一次，他們往往會帶著父母一起來，也對春莊的手藝和口才讚不絕口。

對很多人來說，自己開店之後，經濟能夠獨當一面、能在生意上站穩腳步就夠了，但對春莊來說，工作有收益並不是重點。

「錢賺得再多，對我來說根本沒什麼，工作的意義比較重要！」她堅定地說道。

如同許多在木柵做美甲的越南移民，在安頓好之後，會想要做更多副業賺取額外收入。春莊開始接觸推廣教育，把自己的手藝分享給志同道合的夥伴。二〇一五年，她把在越南的兩位妹妹也帶過來，協助她們在臺灣創業，目前她們其中一位也在經營美甲工作室，另一位則在早餐店當外場員工。收入穩定之時，她在臉書經營社團，讓在臺越南姊妹學習中文，也分享自己的書法作品。之後，她也考取長照證照資格，參與臺灣的長照政策計畫，順利成爲社會福利局的講師。

美甲和美容，是她創業的起點，但她起落的生命歷程，爲許多在臺越南姊妹帶來了一道鼓舞人心的曙光。

我們問春莊，妳未來還有什麼想做的事嗎？

「我希望可以用自己的生命去分享及鼓勵更多有需要幫助的人。……就像書法一樣，那紙筆之間的輕、重、緩、急，如同一個有意義的人生。」

秋梅：陪朋友嫁來臺灣

相較於兢兢業業努力賺錢的秀君，和走過人生苦難要更上一層樓的春莊，越南姊妹秋梅在臺灣的十六年，過去也曾經辛苦，不過走到現在像是恬淡自如，已經自在。

秋梅的美甲工作室在博嘉國小後方，木柵路四段的坡內坑社區。社區內花草樹木扶疏，還有登山步道，氛圍悠閒。秋梅家前面有一道狹窄的樓梯，拾階而上，就可以看到她工作室的門開在半途，來店的客人們總是把鞋子脫在階梯上。沿著這道樓梯再走上去一點，就是秋梅家了。

工作時的秋梅戴著口罩，穿橘色polo衫、牛仔長褲，她有著一頭金黃色鬈曲的頭髮，綁了起來。即便被口罩遮擋了大半張臉，我們仍然看得出她妝容樸素，眉尾修得工整，上揚著散發自信。

美甲師秋梅小時候就喜歡美，「我小時候喜歡幫人弄指甲，常用紫色的植物汁液塗塗指甲，然後摘一種粉紅色的小花放在上頭。」她沒想過童年玩的扮家家酒，會在長大

秋梅在位於木柵路四段坡內坑社區的美甲工作室。（周兆鴻／攝）

後玩真的，自己真的從事美甲。

她說她家在越南同塔，家裡有十個兄弟姊妹，秋梅排行第九。爸爸過世之後，秋梅媽媽隻身照顧十個孩子，生活困難得繳不出學費。她回憶當時在學校，老師要沒繳學費的同學舉手，「我舉著手。小學五年級、六年級，是小孩子最害羞的時候，同學一直看我，因爲這個經驗，認識字之後我就不讀了。」

輟學後，秋梅在外打工，十七歲時便決定到胡志明市討生活，也開始到美容店裡學美甲，學費一錢黃金，是秋梅拿了媽媽送她的金項鍊當來的錢。學徒秋梅在老闆家煮飯給老闆夫婦吃，幫忙清潔房子，也和他們同住。學成後一個月薪水臺幣一千塊的秋梅，當時喝一杯咖啡大約三塊的臺幣，雖不算坐領高薪，但也起碼可以獨立生活。

有一技之長且獨立生活的秋梅，為什麼還要來臺灣呢？秋梅說，她有個同鄉朋友，以前上學時和她玩在一塊，對方讀完大學後在家閒閒沒事，媽媽便逼她去找仲介，要她嫁去臺灣。那位朋友沒像秋梅這樣出過社會，對外面的世界感到不安，對秋梅說著心事，問她：「妳能陪我去嗎？」對朋友放不下心的秋梅，就這樣答應下來，跟朋友一起在胡志明市找仲介，兩人便飄洋過海嫁來臺灣，秋梅在木柵，朋友則嫁去臺南。

「剛來的前三年什麼都不習慣，很痛苦。」秋梅常常提起她來這裡的前三年，學語言、適應文化、臺灣口味得花時間。剛來臺灣時，她去國小夜補校上中文課，一個禮拜有三天晚上要上課，她在那裡認識了許多越南姊妹。和她們當同學的還有一些臺灣阿公、阿嬤，大家一起學ㄅㄆㄇ。初來乍到的秋梅懷念家鄉，常到木柵市場買些東西，自己煮越南菜吃，解解鄉愁。

好不容易捱到兒子上了小學一年級，秋梅便拾起老本行，在木柵市場擺小攤子做美甲。小小的攤位裡擺上一張桌一張椅，租金七千塊，如果要再多擺個電風扇，還要多加錢。

由於木柵市場是美甲攤的一級戰區，後來秋梅改到隔壁景美夜市的美甲店上班，工作時間從大白天變成了黑夜。那間店從不公休，天天開，老闆雇了四個越南員工，七三拆帳，「現在六四，貴囉。」雖然工作順利，但秋梅卻常遭人嫉妒，老是被閒言閒語困擾，

「她們說我騙走她們客人，叫我不能跟客人聊天。我手藝好，客人都不找她們。妳要是好好做，客人就會找妳了啊。」最後就連老闆也看她眼紅，竟想禁止她跟客人留聯繫方式。

說起在景美夜市的工作，秋梅總是氣憤，和藹的臉瞬間嚴肅起來。那段煎熬的日子，正是讓她決定不再受雇於她人，自己開工作室，過自由生活的起因。

客人會光顧工作室，秋梅也會自己騎機車，帶著一籃工具到府服務。不過，獨立接單總是有風險，尤其是面對不熟悉的新客人。有一次，秋梅託先生弟妹幫她架網路廣告招攬客人，一位住木柵路一段的男客人打來，叫她去家裡做。不料秋梅一進對方家門，發現那位男客人家裡沒有其他人，他們孤男寡女共處一室，氣氛怪極了。那天，客人要秋梅去拿水，她便安分拿水，接著低頭專心幫對方修指甲，頭也不敢抬。男客人自顧自的滑手機，整棟房子靜悄悄地，瀰漫著尷尬氛圍。秋梅心裡滿是恐懼，好不容易鼓起勇氣跟他聊天，問他家裡爲什麼沒人，才得知原來對方長期在大陸工作，久久回來一次。當天那位客人只是安靜地讓秋梅修剪指甲，沒有其他企圖。「我回來嚇死了，之後就把網站上的廣告關掉。」

聊到這件事時，秋梅正在工作室裡一邊幫客人修著指甲，一邊開著手機，用越南文講電話。許多做美甲的越南姊妹都很喜歡這樣，像是計程車司機的無線電，她們會彼此

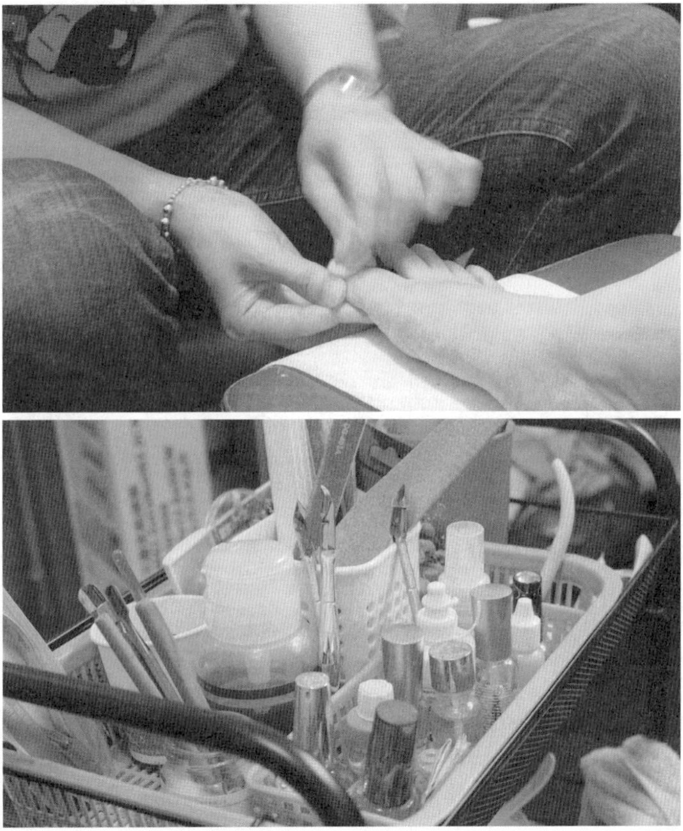

專注修指甲的秋梅，以及放在一旁的專業修甲器具。

在菜園中忙碌的秋梅。（周兆鴻／攝）

分享今天接到幾個客人、做了什麼事。

現在秋梅的美甲事業穩定了，「有客人我就接，沒客人沒事我就去逛逛街，買東西。」沒客人的時候，她還喜歡跟家裡的印尼看護Anti在菜園「玩」。她們種了南瓜、薄荷、越南香菜。秋梅喜歡種菜，一看到菜園，她總是眼睛發亮，待在工作室的時候，她也時不時地會去窗邊看一下菜長得怎麼樣了。

雖然是通過跨國嫁娶管道來臺，但秋梅十分幸運，碰到了一個好丈夫。

「昨天我老公他們去釣蝦，釣好多回來。」秋梅老公和兒子們喜歡假日去釣蝦，常常開車去宜蘭就爲了釣蝦，秋梅常常用幽微的媽媽眼神調侃他們。「我對釣蝦還好，如果他們沒釣蝦，我和我老公會開車出去玩。」秋梅說她老公還有一個特別的興趣，他們會一起去海邊撿大石頭，然後老公會將出去玩沿路的風景用腦袋記下，回家畫在石頭上。在秋梅方正的工作室裡有很多玻璃櫃子，裡頭就放置了一顆顆風景畫石頭。

其中一顆石頭上繪有兩人看夕陽，是在畫秋梅和她老公嗎？秋梅說話小聲了起來，面容靦腆，「我沒有問，不知道。他沒有講出來，反正他自己畫的。」

美甲，美人，美心

美甲工作者，到底爲誰而存在？

現在的木柵，是一個跨文化、跨階級的社區。這裡有大量的軍公教住戶、大學生、越南移民、勞工階層，常常跨越一條馬路的距離，周邊的風景就從聚集弱勢低收入戶的住宅，變爲一排中產階級的高樓公寓。這裡也是人們耳熟能詳的越南移民聚集地，這裡的美甲店的服務，究竟撫慰了誰？滿足了什麼？

秋梅說，木柵做美甲的客人年紀普遍較年長，常是退休在家、喜歡打扮得漂漂亮亮去逛菜市場的阿姨。這些阿姨們到市場除了買菜，更重要的任務是來美髮店燙染頭髮，遮掩住歲月的白髮，然後在市場買幾件亮片大紅花色衣裳，最後再來給越南人修指甲。阿姨們的腳趾一離開涼鞋，鬆垮的皮膚和泛黃的指甲最遮掩不過老邁，忍受凍甲之痛是年紀大之必經，這時候她們就需要越南美甲師，幫她們一次次翻整，讓指甲乾淨、透氣，遠離痛楚。

這些在木柵的美甲店，雖然都由越南新住民姊妹經營，但客群不盡相同，彼此之間的生命經驗也有所不同。秀君的美甲店「十個客人有四個是越南人」，成為了當地越南移民圈子裡的匯聚所；春莊妹妹與秋梅則是服務臺灣客人比較多，也有在工地上班的男性工人去修剪指甲，「有些客人在工地工作啊，腳皮很厚，來這裡修。」而作家林立青在《做工的人》一書中也曾提到，工人的手、腳上往往都有因重勞力工作而生的雞眼、水泡，腳上有積累的死皮與角質，甚至還要忍受指甲長繭的痛苦。因爲這樣，做工的人便經常光臨技術好、價錢便宜的越南美甲店修腳皮，久而久之，越南美甲店便在工人間口碑相傳。

最重要的是，無論客人是做工的人，抑或是年長的菜場阿姨，他們最享受的是美甲師傅的體貼與美言；「姊姊啊，妳今天怎麼那麼美？」——中老年阿姨因此在菜市場有自己的漂亮舞臺，能在做指甲的時候，頻頻被稱讚。

指甲常是一個人全身上下最照顧不到的部位，即便長在自己身上，卻也總是因角度問題而疏於照顧。越南美甲師以綜覽俯瞰的視角替客人做指甲，常常比指甲的主人還更理解他們的指甲，而且往往成爲客人刻苦辛勞的共同體，全身心地投入、關懷，因此更能夠體貼來客的生活點滴。

除了美甲師與客人之間的緊密連結，我們在這些美甲工作室訪談時，也發現許多客人彼此相識，也聊得熱絡，甚至會相約吃飯或聚會。他們都是這些美甲店的「熟客」，因爲聚集在一起做美甲，過程中往往閒聊起附近的地理環境或事業，聊著聊著，就認識了。久而久之，美甲工作室作爲客人消費的地方，也成爲了一個間接的「社交場所」。

當他們爲凍甲煩心的時候，美甲師那一句「你不要自己剪——」說得聲聲入心，雖然不過是指甲尖上的小事，但這樣直率的關懷，使得身、心靈都在此刻獲得慰藉。透過這些撫慰的話語，人們在美甲店內取得共鳴。在他們之間，不只是客人與老闆，更是相互取暖的同溫層，也是遠離現實喧囂的陪伴。

雖然越南美甲店不比本地連鎖美甲工作室有規模，但她們的美甲技術並不亞於臺灣的美甲工作者。況且廉宜的價格、親切的關懷，讓越南美甲師與客人的關係更爲密切，久之，客人們都習慣於找擁有「獨門技術」的越南美甲師，不知不覺便成爲了熟客。在那裡，他們共享的不只是指尖的皮肉疼痛，還有彼此的日常生活，於是三個禮拜做一次指甲，化成了生活上不可或缺的儀式感。

小小一片美甲，撐出了越南姊妹們得以依靠的廣大空間。

也許有人會好奇，秀君、春莊、秋梅，她們幾乎都曾經在其他地方工作，爲什麼最後仍然回到木柵呢？

木柵範圍不大，社群關係卻十分緊密，在這裡，來自越南的移民往往能找到家的感覺。安康的越南社群，更扮演著對移民而言非常重要的角色，有一定數量因政府「仁德專案」或跨國婚姻來臺的越南移民，在這裡形成了一個與臺北其他社區不一樣的族群空間，雖然會再細分成不同的群體，有的是長住好幾十年的仁德專案移民，有的是剛來不久，或是透過婚姻，或依親來到臺灣的越南人，但無論如何，只要在這裡，他們就是「自家人」。

在木柵街頭，語言紛雜而融合，可以聽到國語、臺語、越南語、廣東話（越南華僑通用語）等。越南人在木柵，在有著自己越南移民社群的同時，也遵循著木柵在地的潛規則與秩序；例如分別用廣東話和國語跟秀君聊天，內容會不一樣。而雜揉著這些不同的語言、文化背景，他們合力張開一個強烈而緊密的社群網；越南華僑幾乎人人都認識早餐店老闆娘美玲姐；秀君、春莊、秋梅這幾位美甲店同行，彼此都知道對方，也都嚮往著有天可以被在地木柵人的臉書社團「木柵社團」PO文推薦──聽說這是木柵人認可你的標籤。

這些美甲店，出現在這些現實生活中的人際關係和網路社群之間，它們是設立在街邊的人際網路伺服器，讓入門的人得以連結更大的社群網路。

對秀君、春莊、秋梅來說，美甲小小一片，不只是獨門的手藝，也是帶著她們跨境流離、自由揮灑的空間。因爲美甲：妳需要我安慰，我需要妳指尖。越南姊妹透過美甲店，得以在木柵越南社群擁有自己的位置，她們付出關懷與高超的技術，客人則獲得完善的護理、成爲熱絡的人際網路一員。美甲店不只是美甲店，它是秀君、春莊、秋梅個人事業的起點，是越南移民社群的一部分，也是更廣大移民人際網路的節點。透過這些小小的店面，透過指尖與指尖的交會，許多人的人生就這麼交會、長久往來下去了。

第四部

月亮不一樣：文化與身分衝突中成長的小月亮

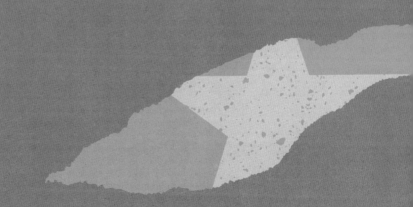

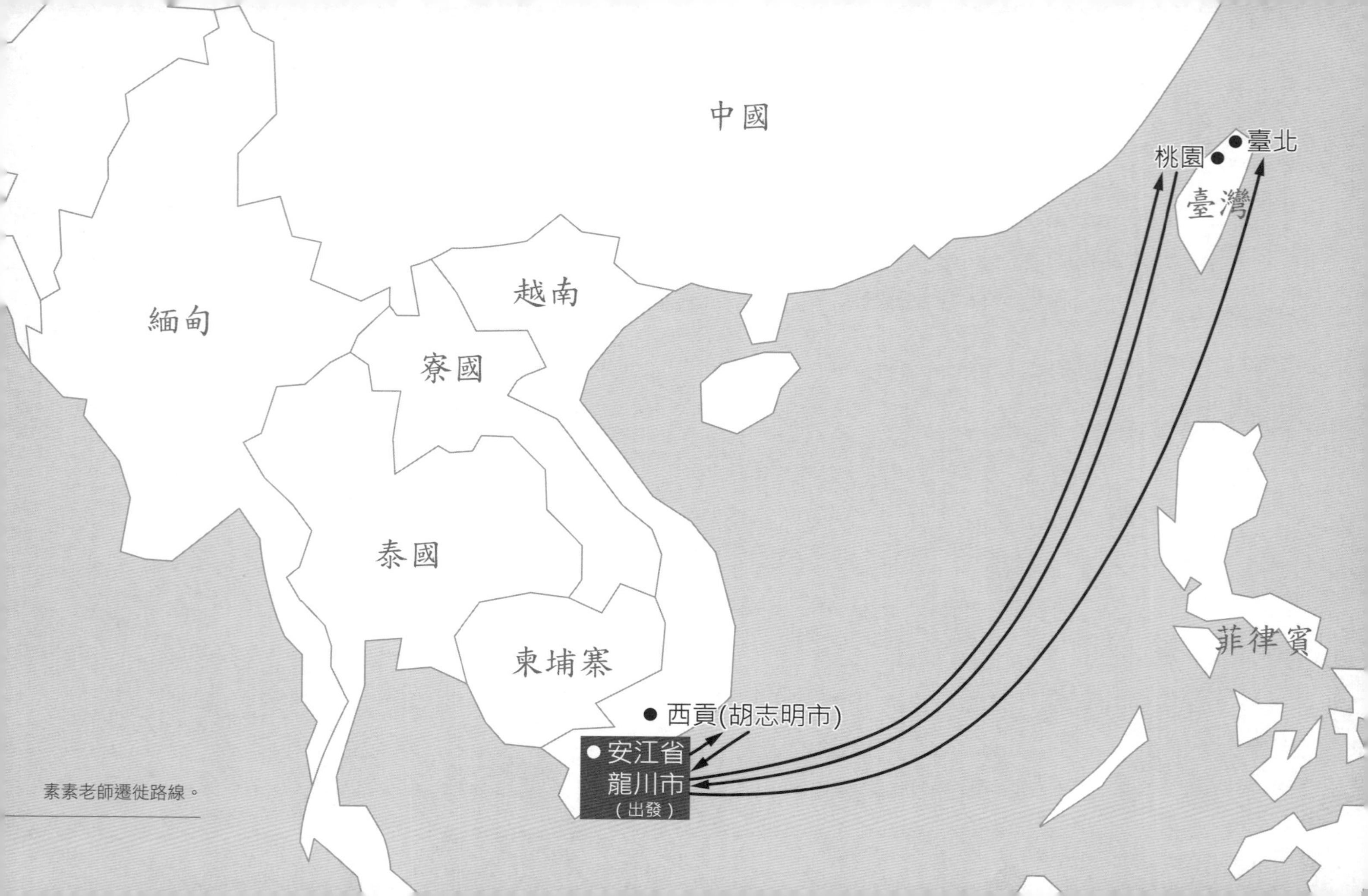

素素老師遷徙路線。

中國
緬甸
寮國
越南
泰國
東埔寨
海防市(出發)
西貢(胡志明市)
臺灣
臺北
臺東
菲律賓
父親遷徙路線
翠翠遷徙路線

翠翠老師遷徙路線。

CHAPTER

09

素素、翠翠老師的故事：分發鑰匙的人

——詹佳惠、宮相芳、彭翠瑛

沒有華僑證明的越南華人：素素老師

臺北市文山區的安康社區有個「越南角」，這是一個專門給社區中越南移民學習華語的據點。二〇一八年夏天開始，每星期二、五的夜晚，教室裡總會傳來陣陣清脆響亮的朗讀聲和此起彼落的歡笑聲。若湊近教室一探究竟，你會發現那位個子嬌小、頂著一頭俏麗短髮站在臺前，教導學生如何用中文詢問「多少錢」的老師，是笑得最開懷、最燦爛的一位——她是在安康社區教越籍學生華語的素素老師。只要有她在的地方，爽朗的笑聲便總是迴盪在四周，那笑聲彷彿能將任何憂愁一掃而空。素素老師除了是安康社區華語班的靈魂人物以外，同時也是在臺灣讀書的越南籍留學生。

素素老師來自越南安江省龍川市的華人家庭。安江省位於越南西南部，在湄公河三角洲，西側臨近柬埔寨。素素老師的祖父母是早期從廣東輾轉遷移至越南的華人，剛開始落腳越南時，以賣茶葉起家，繼而改賣早餐，販售各式麵、飯、法國麵包、米線及粿條等多種料理。先前經營的茶葉生意，則變成店裡賣的茶飲。「我爺爺奶奶那時候開的餐飲店，還滿有名的！」素素老師揚起嘴角得意地說著。她從小在店裡耳濡目染下，習得了好手藝，來到臺灣讀書時，常常帶著自製的越南料理與老師同學們分享。

素素老師的爺爺奶奶原本有華僑證明，但在越南全國統一之際因搬家而遺失，加上她的父親當時爲了避免戰爭時被徵召去打仗，將漢人姓氏「黃」改成越南姓氏「阮」，並且更改了籍貫。直至九〇年代末期，越南政治現況穩定後，素素老師一家人才把姓氏和祖籍改回來。「我小學時畢業證書上寫著『阮』，到了初中跟著爸爸改姓後才變成『黃』，那時候我還很好奇，自己明明是在越南出生的，爲什麼祖籍卻是寫著廣東？」

素素老師的父親是家裡的次子，小時候雖然讀過一點書，後來卻因爲要協助父母做生意而中斷學業，也沒機會學習華語，「我爸爸的中文不行，他只會講一些潮州話。小時候我拜託爸爸教我潮州話，但爸爸說他也不太會講，甚至還編了其他理由說服我不要學潮州話，他說：『我怕妳學了潮州話再學中文會有口音，如果妳想學中文，就不要學其他方言。』」雖然家中長輩是華僑，但素素卻很少接觸中文和潮州話，她成長過程中的第一語言是跟著完全不會華語的越南人母親學來的越南話。

因為華語電視劇，開始學中文

素素老師的祖父母最初期望自己的孩子能跟華人結婚，如此一來便能將華人的傳統文化延續下去。但由於素素老師的長輩，包含她的伯伯、叔叔、姑姑等七位子女，全都與越南人結婚，加上身處越南的關係，第三代子女已經很少有機會接觸潮州話和華語了。「在胡志明市裡，因爲華人居住區域比較集中，大多數的華人都是和華人結婚，我的爺爺奶奶很羨慕。」雖然爺爺奶奶對第二代的子女無法傳承華人血脈與文化的行爲感到失望，卻開始將傳承華人文化、與華人通婚的如意算盤寄託在第三代的孫子身上，希望孫子可以去學中文，於是便使出渾身解數、想盡辦法讓孫子們接觸華語。

「我爺爺那時候會用零用錢來『誘惑』我們這些小孩子，他說只要放學後去龍川市華僑相濟會成立的『東川華語文中心』學華語，就可以得到額外的零用錢。」當時素素老師還只是一年級的小學生，上了幾次課後便因華語太難而打退堂鼓，同輩兄弟姊妹也紛紛放棄。對此束手無策的爺爺、奶奶，只好紛紛打消把子孫栽培成中文人才的念頭。

不過，預料之外的是，後來素素老師竟然不需要倚靠這些外在誘因，便對華語產生興趣，多年後更成爲一名華語教師。

讓素素老師重拾華語學習的契機，是六、七年後流行起來的港劇、臺劇。「在我中學的時候，越南相當流行華語電視劇，像《還珠格格》或《西遊記》，幾乎每個同學都喜歡得不得了。我從那個時候開始對中文有興趣，因爲那些戲的主題曲都是中文歌，我想學會怎麼唱，所以就去報名學華語。」素素老師還曾在學校午休期間，用越南文來標注中文歌詞的發音，以帶領班上同學唱華語歌，大家都唱得不亦樂乎，可見華語劇在學生圈中的風靡程度。

透過影視的力量，華語漸漸在素素老師的生命中扎根。高三考大學時，越南規定除了考數學及越南文之外，還需要選考一門專業科目。素素老師憑藉著從中學涓滴累積的中文實力，如願以償地考進越南首屈一指的大學——國家大學人文與社會科學大學，就讀中國語文學系。畢業後，因不適應胡志明市快節奏的生活步調，而萌生返鄉工作的念頭，便在家鄉龍川市的安江大學當華語老師。

來到親人的另一個落腳處

素素老師的家庭，從祖父母那輩便已和臺灣的親人有所聯繫。素素老師的祖籍爲中國廣東，她的祖輩家人分別從中國移居至越南及臺灣，祖父母在世的時候，臺、越兩方的親人仍有聯絡。「南越有段時間和中華民國關係很好，爺爺透過大使館找到了在臺灣的姨婆。我還記得小時候姨婆也曾來越南探望我們，我的爺爺也來過臺灣，爺爺奶奶也會和臺灣的親戚保持通信。」後來因素素老師的祖父母離世，加之第二代的語言隔閡，臺越兩地親戚之間聯繫也隨之減少。

雖然與臺灣親戚的連結變得淡薄，但那條與臺灣之間的緣分卻始終繫在素素老師身上，隱約地牽引著她。在安江大學教了兩年的華語後，素素老師萌生來臺念書、精進的想法，後來也順利申請到中原大學的應用華語文學系碩士班，來到這個家族記憶中、屬於親人另一個落腳處的遠方。回想起當初剛來臺灣的前一、兩個月，素素老師雖然已經有華語底子，但仍然因語言、文化差異而鬧出不少笑話。好比素素老師第一次在學生餐廳點餐，看菜單看了許久，對菜單上的內容卻還是一知半解，最後決定點一道自認爲最安全的「雞肉飯」，因爲如此一來便有肉、有菜，沒想到卻只來了一碗鋪有雞絲肉的雞油飯。她這時才驚覺，原來配菜和湯需要另外加點，不像越南的雞肉飯，除了有大塊雞肉，還有配菜與附湯。

兩年光陰飛逝，獎學金的補助即將到期，素素老師利用最後半年寫論文的時間，開始找工作以支付學費。她有一段時間在內壢的一所越南教會裡教華語，並在教學之餘跟著牧師和牧師娘前往收容所和監獄探望越南籍的人士，「如果我沒有來教會服務，我大概不會知道原來社會上還存在這樣的事。」在教會服務的經驗對素素老師來說十分震撼，因爲她沒想過臺灣收容所中的越南籍逃逸移工竟然這麼多，有些人因爲沒有能力繳納罰金、買機票回國，只能枯等民間團體捐款資助；有些人在進收容所之前便有孕在身，最後在收容所裡生產。

回顧在臺灣的生活，素素老師認爲，臺灣人雖然不會對來自東南亞的留學生說出歧視語言，但在談話間仍不免流露出部分對東南亞的刻板印象。舉例來說，有次素素老師帶著宿舍室友參加越南留學生社團聚會。會後，室友訝異地對素素老師說：「我原本以爲在臺灣的越南人，都是透過婚姻來的，沒想到臺灣還有這麼多越南留學生。」還有一回，是大學生要拍攝一則短片，聯絡上素素老師，「當時他們說我很適合當他們短片的女主角，沒想到一問之下，才知道是要我演一個越南的『外籍新娘』！」素素老師說著說著，仰頭哈哈大笑。

雖然遇到不少對東南亞學生認知不足的臺灣人，素素老師幸運地結識了一位古道熱腸的臺灣室友，在生活及課業上提供她許多協助。「我非常懷念在中原讀書的那段日子，我和我的臺灣室友到現在都還是很好的朋友，她是我在生活上的依靠，而在學習上我有一位學伴。另外，我也在宿舍交誼廳認識了很多不同國家的外籍好友，常常一起聊天、出去旅行。」在臺灣的種種經驗，深深埋進素素老師的生命裡，讓她將來願意再次到臺灣就讀博士班，並擔任社區華語教師、深耕社區，與社區裡的外籍朋友們，一起開啟人生的另一道門。

華人社區的越南小孩：翠翠老師

除了素素老師以外，社區華語班上還有一位身形高瘦、面容清秀，留著一頭烏黑秀髮的助理教師——翠翠老師，俐落地穿梭在學員之間，一邊協助學生練習華語發音，一邊在他們寫錯字時即時給予修正與補充，同時幫忙素素老師觀察、記錄學生的學習進度。

翠翠老師是政治大學傳播碩士學位學程的碩士生（二〇一五年至二〇二一年），在學期間，從二〇一八年起開始在中央廣播電臺工作。雖然她與素素老師同為在臺留學生，但兩人的成長與求學背景卻大相逕庭。翠翠老師從小便在越南的華人社區長大，自幼就處在使用中文的環境中。由於父親說的是粵語、母親說的是潮州話，因此翠翠老師和父親及父親那方的親戚溝通時得說粵語，而與母親和母親那方的親戚溝通時則得說潮州話。翠翠老師表示，「在家裡說中文不會怎麼樣，但要是在家裡說越南語，長輩有時會不開心，像奶奶就會用粵語調侃我：『妳這個越南妹！』」

「父親輩和我這一輩還保有華人命名的傳統，同一輩的人名字中的第二個字是相同的。父親那一輩的男生是『明』、女生是『惠』，我這一輩的男生是『建』、女生是『翠』。」從家族在命名時保留字輩這項傳統，不難看出翠翠老師一家對華人傳統文化的重視。延續一個民族的文化，最重要的事莫過於延續該民族的語言。因此翠翠老師的父母十分樂意投資子女學習中文，「因爲他們都希望我們能延續『華人就該會中文』的傳統」，有時甚至會以半強迫的方式要求小孩學習中文。

翠翠老師的小學和中學都在胡志明市第六郡的學校就讀。國小從一至四年級，每個年級都有兩班華文課，五年級則有一班。學校早上上越南語課，下午上華文課。翠翠老師從小便待在類似現今的雙語學校裡學習越南文和中文。翠翠老師除了繼續在越南學校上中文課之外，下課後還另外在「穎川華文中心」這所華語教學機構學中文。中心的老師會前往臺灣或中國研習，並帶回當地的課本進行教學，翠翠老師因此對漢語拼音和注音駕輕就熟，中文能力也在小學階段獲得良好的奠基。

離不開中文的求學生涯

一九九三年，翠翠老師出生於越南胡志明市新街市（Chợ Lớn）附近，那裡是廣東人、潮州人等華人聚集、生活的地方。她的祖籍爲廣東防城（現爲廣西防城），父母都是越籍華人。升上國中後，翠翠老師就讀的是越南語學校，校內沒有中文課，雖然課業較繁重，她還是抓緊越文學校課外時間，繼續到潁川華文中心學中文。縱使到準備考高中的九年級，翠翠老師仍堅持去上每一堂中文課，並在這一年學了不少的文言文，如：文天祥的〈正氣歌〉等，最後在中學畢業時，順利地取得越南和華文學校兩種中學文憑。

憑藉著勤奮不懈的努力，翠翠老師考入胡志明市的明星學校——黎鴻峰高中（Le Hong Phong High School for the Gifted）。「當時塡志願時還分成『專科班』及『普通班』。專科班是專攻某一門學科的意思，譬如我所就讀的是『中文班』（chuyên Trung），另外還有文學班、數學班、物理班等。」黎鴻峰高中的中文老師是胡志明市師範大學中文系畢業的老師，教科書用的是國家教科書系列的課本。此外，翠翠老師也因爭取到參加全國優秀生考試的資格，而接受短期高階中文培訓班的訓練，進而接觸到胡志明市師範大學中文系的教科書《橋梁》，使得她的中文程度更上一層樓。

高中畢業後，翠翠老師選擇來臺留學，並順利進入國立臺東大學華語文學系就讀，主修文學組。她之所以選擇來臺灣讀書，有三個主要原因，第一個主要原因是她較熟悉臺灣。「我認識的第一個外國人，就是父親的臺商老闆。」翠翠老師說道。她的父親在越南當地的臺商公司上班，在家中和家人交談時不但常常提起「臺灣」，有機會到臺灣出差時，也會順道帶些臺灣的禮物回去，這使得她從小便常聽聞、接觸關於臺灣的人、事、物，產生了親近感。

另一個原因則和素素老師一樣，由於接觸了臺灣流行文化而想學習華語。翠翠老師回憶道，在她國中時，越南華人十分喜愛臺灣的歌手及偶像團體。「當時家庭共用電腦裡有幾首周杰倫、蔡依林、S.H.E、飛輪海的歌，我們幾乎每天聽、每天跟著唱；再加上高中後，開始迷上言情小說，家裡有許多阿姨從臺灣帶回來的言情小說，我開始一本接一本地看。」看小說、醉心於由文字所構築的綺麗世界這項嗜好，是翠翠老師在學習中文的路上非常重要的一個階段。她在這時期開始大量閱讀，偶爾也試著仿寫，使她的華語能力更進一步，甚至喜歡上創作。

最後一個原因則是自身能力與經濟條件的考量。在黎鴻峰高中，留學是一件相當普遍的事情，有些學生高一高二便做好大學出國留學的準備，因此翠翠老師不陌生。「我從小也嚮往有一天能出國留學，但我知道我的能力無法申請到歐美的學校，更不用說申請獎學金，加上歐美消費較高，我認爲想要去那些地方留學，應該等到自己有能力賺錢之後再考慮。」翠翠老師因此決定申請臺灣及中國的學校，最後因緣際會到了臺灣東部讀大學。

飄洋過海，在臺東的求學生活

很多人以爲來臺的外國人，必定對於臺灣文化十分陌生，但事實上有不少外籍生像素素老師和翠翠老師，他們早在國外就透過影視文化、課本教材及上課時老師的口述等等，間接、多方地從側面認識了臺灣。從小接觸臺灣文化的翠翠老師即是一例，除了要習慣的只有將日常生活用語從「越南文」轉換爲「中文」，以及和室友共同起居的宿舍生活，讓她需要花時間適應一陣子以外，她很快就因爲其他在臺越南人而熟悉臺灣校園。

觀察力敏銳的翠翠老師，察覺在臺越南人的社群，對像她一樣隻身來臺求學的學生而言，是一把雙面刃，因爲在融入在臺越南人團體的同時，可能會失去持續探索臺灣的動力。她清楚地意識到自己身在臺灣，必須跨出和越南朋友「說越南語」的舒適圈，才能更加貼近臺灣的在地生活。因此，她積極認識臺灣朋友，擴展交友圈和生活範圍。「臺灣同學都非常熱情，也很樂意在課業上幫助我，協助我通過比較難的科目，像『漢學概論』之類的專業課程。」翠翠老師笑著說。

來臺以前，即便再怎麼熟悉臺灣，還是有不少事是她來臺親身接觸後才深刻體驗的，好比很多臺灣人說話時會夾雜閩南語，這是她過去學中文時，不曾接觸過的經驗。此外，翠翠老師也驚豔於臺灣的民族多元性，「我到臺東大學之後，才知道光是在臺東的原住民就有七族，這個數字對我來說十分龐大，因爲來臺灣之前，我不曾接觸過任何有關臺灣原住民的知識，更不用說去探討每一個族之間不同的文化。」翠翠老師利用自己身居臺東的優勢，體驗當地的豐年祭和射耳祭。在臺東求學的日子使她對臺灣的認知，變得更爲立體、充實，也更加了解這一座文化多元繽紛的島嶼。

為異鄉客搭建一座語言的橋梁

翠翠老師在大學社會責任實踐計畫中，主要擔任華語輔導老師，除了協助素素老師教學，也曾爲一名跨國銜轉生上過一對一的華語輔導。老師能夠搭建一座語言橋梁，用自己的力量幫助學生更有效地學習華語和臺灣文化，好讓他們更融入臺灣社會。

「他們住在臺灣的時間會比我長很多，而語言就是在這裡生存的第一關鍵。」翠翠老師特別注重學生的口語表達能力和閱讀漢字的能力。「在協助教學的過程中，我發現學生最需要的是『最貼切生活』的華語。」據她觀察，社區華語班的婚姻移民雖然在臺灣生活的時間普遍較長，但華語能力卻多只停留在口語的聽和說，而且身邊的人通常不會主動糾正或指引他們如何發音，導致學生長久以來發音始終錯誤卻不自知，她因此格外重視這點，希望學生在日常生活中，能更流暢無礙地使用華語與人溝通。

令翠翠老師印象深刻的教學經驗，是輔導「小家」這位越南跨國銜轉生。她記得第一次輔導小家時，發現他對於輔導課的提問，永遠只會回答「是」、「不是」、「會」、「可以」，或者以點頭或搖頭表達，十分沉默寡言。不久，負責帶學生複習課本的翠翠老師，便發現小家幾乎不認得課文裡的任何一個字。怎麼辦好呢？翠翠老師只好從最基礎的開始，逐字逐句示範發音，然而複誦對小家來說效果有限，一味重複發音，而沒有將字音與字形、字義三者結合起來的他，很容易忘記前面複習過的單字。翠翠老師試了又試，想了不少方法，小家的中文程度卻仍舊進展緩慢。

隨著輔導小家次數的增加，翠翠老師也才漸漸了解，小家這位不到十歲的小孩，除了要面對筆畫複雜的國語作業以外，還得面對學校同儕的壓力、適應臺灣這個新環境，以及來自父母對他在課業上的期許。看著小家內外交迫、艱苦的學習過程，翠翠老師理解到短期內從母語環境轉換到第二語言的學習環境的跨國銜轉生，會面臨旁人無法想像的龐大的學習挑戰與心理壓力，可不是上了簡單幾堂華語課就可以克服的事。對小家來說，華語課不只是課，而是關乎他能不能打開臺灣生活的一把重要鑰匙。

她於是試圖將自己的姿態蹲得更低，更貼近小家的需求調整教學模式和策略，從複習小家的注音及生活中常見生詞開始，並設計字卡，以遊戲的方式帶領小家學習基本中文。在翠翠老師的耐心帶領下，小家漸漸敞開了心扉，也變得活潑許多，甚至時常用中文和翠翠老師分享自己心中天馬行空的想法，像是他所想像的海洋世界、最近認識的爬蟲類，以及自己對蜥蜴的了解等等。這些改變與進步，看在翠翠老師眼裡，有著說不出的感動與欣慰。

分發鑰匙的人：協助他人通往新生活

離開熟悉的故鄉，來到臺灣開創一個新的家園，若是沒有找到合適的鑰匙，開啟新家大門的過程將會困難重重。素素老師和翠翠老師像是分發鑰匙的人，來自越南的她們，透過中文教學協助在臺留學生、新住民、銜轉生，協助他們握住語言的鑰匙，打開與臺灣生活的隔閡。她們和華語班的學員同樣來自越南、以越南語為母語，並且和學員同樣有學習華語的經驗，能夠理解越南籍的學員在學習華語時面臨的困難，而她們同樣身處在異鄉的經驗，則更能同理學員們的生活處境，切身理解學員們在異鄉會有的陌生、不安與孤單。

更多時候，素素與翠翠老師做的不僅是傳遞語言知識，而是更深入的文化帶路人：她們掌握學員的背景、關注他們的生活狀況，根據個人實際需求設計語言教學，力求貼近生活情境。她們也了解課堂上的每個學生，知道他們誰是在臺留學生、哪位學生在社區裡開店、誰曾經從事過看護工作，以及誰的個性相對消極、被動，對自己比較沒有自信，因此學習華語的速度也比較慢等等。她們的教學與關懷不僅止於課堂，步出安康社區華語課堂的「越南角」，她們會傾聽學員們的心事、協助處理租房事宜，有需要的時候甚至還會上法院當翻譯。

換言之，素素老師和翠翠老師所在的社區華語班，肩負的不只有單向語言教學，更有建立雙向及多向的社群功能。如今，素素老師和華語班的學員已經情同姊妹，在生活上更像是相互陪伴、協助的家人。她說，有一次她在家裡被燙傷了，腦海中第一個浮現的求助對象是華語班的其中一位姊姊，「那位姊姊立刻放下手邊家務，騎著摩托車來接我去醫院。」同在異鄉，他們藉由語言教學這把鑰匙而互相關懷、扶持，讓臺灣這個異鄉多了一抹故鄉的溫暖。

在第一線輔導跨國銜轉生的翠翠老師，對於學生在異鄉學校面臨的種種問題，感受更是分外鮮明。有一次，翠翠老師恰巧經過學生小家的班級，聽見學生大聲地朗讀著課文，聲音既整齊又響亮。「唸課文」對臺灣的學生來說，猶如囊中取物般輕鬆、簡單，「但當我想到小家在輔導課上，沉默地看著課本，一個字也不認得時，我就可以想像他坐在教室裡的心情會有多無助。聽著老師和同學順暢地將課文讀了一遍又一遍，（他）爲了讓自己看起來『正常』一點，也只好跟著複誦，但實際上卻完全不知道老師在說什麼。

這種感覺對一個國小的學生來說，應該非常難受，甚至厭惡到想離開教室吧？」

唯有設身處地感受對方的處境，才能感同身受地理解對方的遭遇。比起臺灣當地的老師，同爲越南籍學生的素素老師和翠翠老師，在輔導跨國銜轉生的過程中，更能理解他們在校園中遇到的困難。也因此，她們深知抹除不同的背景因素，將同一套教學方式套用在所有跨國銜轉生身上是不可行的，因爲他們需要的不只是華語課，而是更全面的對他們日常生活的理解、協助與陪伴。

不過，翠翠老師最初對於在語言學習外，提供學生生活上的協助這件事，態度其實較爲保留。因爲身爲一名在臺留學生，就算自小有良好的語言教育及基礎教育，翠翠老師還是會覺得自己在與新住民及跨國銜轉生互動、交流的過程中，仍有許多不足。她想起在一次見面中，《失婚記》導演阮金紅私下說過的一句話：「留學生是無法完全理解新住民的生活與處境的。」翠翠老師反思，「作爲留學生，我大部分的時間都專注在課業上，就算能在臺灣盡情體驗異國生活，但始終還是個『外人』。我們留學生遇到的問題，如：語言溝通、生活習慣、文化差異等都和新住民有所不同，所以我們看到的角度與解決困境的方式也是不一樣的。」

直到後來她擔任華語輔導老師，長時間、近距離地接觸社區華語班的學員，以及小家這個在臺上千個跨國銜轉生的其中一名個案後，翠翠老師開始有了不一樣的體悟。在眞正聆聽新住民和跨國銜轉生的問題後，她意會到自己原本的想法過於單純。「留學生對臺灣厭倦了，也許就會離開到另一個國度，但新住民可能難以做出這樣的決定，且在語言不完全通的狀態下，他們還必須面對臺灣社會對他們友善或不友善的所有對待。」像當初在臺東慢慢了解臺灣原住民族一樣，翠翠老師在參與大學社會責任實踐計畫的過程中，慢慢了解到每一個新住民與跨國銜轉生，都有不同的生命故事。

「在臺越南人」從來不只是同一種身分、背景的人，而是相當多元的集合：留學生、華僑學生、新住民、國際移工，也有新二代和從國外回臺進入國民教育體系的跨國銜轉生。他們各自在不同的時代背景、不同的條件因素之下來到臺灣，重新搭建一個有溫度的家。而素素老師和翠翠老師，正是在文山區一帶掌握語言鑰匙的教學者與導引者。透過她們，這群在臺越南人成爲彼此的光亮，並將這份光亮存放內心，開啟家門、溫暖明亮。

CHAPTER 10 ★ 小月亮陽陽的故事

——吳姿樺

今天是月亮剛升上一年級的第一天，他與高采烈的去上學。「騙人！月亮晚上才會出現吧？你根本不是月亮！」、「而且你沒有在發光呀。」質疑的聲音響起，大家不相信他是月亮。於是第一天上學月亮失落的回家了，第二天就在他遲疑要不要去上學，他想起了自己是值日生，所以加快腳步跑去學校。「大家看，月亮的黑板擦得好乾淨。」得到了誇獎的月亮微微發光。「好亮喔！你真的是月亮。」不知不覺發光的月亮不再受到質疑，也漸漸融入了班級。

這本繪本《月亮上學了》（北山葉子，二〇一五），是李老師爲了一個「不太一樣」的同學而準備的教材，而這位現實生活中「不一樣」的月亮，名叫陽陽。

陽陽是移民兒童。他在臺灣出生沒多久、取得國籍後就被送回越南外婆家，直到二〇一七年才被接來臺灣，這時他已經九歲，本來應該讀國小三年級，但因爲語言關係，必須降轉，從一年級開始讀起。像陽陽這樣曾接受過臺灣以外的教育體制的學童，臺灣稱爲「跨國銜轉生」。*他們要適應不同的文化、學制、教育方式，更要克服語言的難題，往往小小年紀就身負沉重的壓力。

跨國銜轉生陽陽有著一雙濃眉大眼，笑起來靦腆乖巧，因爲年紀關係比同班學童要高一些。他的性格機靈，學習速度快，但卻受限於中文能力，必須接受華語老師課輔，同時也在安康社區旁的安親班補習。

陽陽就讀的社區國小在安康社區內部，距離安康平宅與興隆公宅很近，在校門口便可一覽興隆安康社區新舊交雜的特殊風貌。學校地勢與木柵公園相同，屬於微微隆起的坡地，入校門後需走過一個斜坡再爬上約十階的樓梯，所以在校外只能看到高高的圍牆，意外地給予校園安全的環境。因爲地域關係，校內的學童低收入戶及單親、新二代家庭者占有一大部分。其中，新二代家庭的組成方式普遍都是一名臺灣籍家長與一名外籍配偶，這些學童在臺灣成長的過程中大多具有雙語的能力，但陽陽卻不一樣，他的父親爲臺灣籍，母親爲越南籍，看似是非常典型的新二代家庭，然而陽陽從小在越南長大，直到九歲才接觸到中文。他因此同時具有移民兒童兼新二代學童的身分，境遇是許多移民兒童的典型經歷。

月亮上學了

「不一樣」的小朋友

——二〇二〇年，太陽消失在烏雲後，只留下月亮。

「我怕我都忘記了！」教室的電扇吱呀吹著，帶著和藹笑容的李老師娓娓訴說她帶領陽陽的一點一滴，我們也跟著她的回憶，時光倒轉回到了三年前。

李老師是陽陽低年級時的班導師，身材纖細的她，對低年級學童管理十分有一套。二〇一七年九月一日，叮叮咚咚的鐘聲響起，今天是新生第一天上課的日子，多數新生都由家長領進校門，家長會逗留在走廊上，透過教室的窗子觀看自家小孩的課堂初體驗以及班導的授課模式。陽陽就讀的一年一班位於社區國小的二樓，教室的地板光亮

＊ 這些學童因為中文能力不足，所以在臺灣教育中只能以降轉或課業輔導的方式補救（黃昭勳，二〇一八：一三）。本文以移民兒童稱呼。

整潔，如同新生潔白的制服乾淨無瑕。

李老師走進教室，但她並不急著打開課本，而先向大家展示了《月亮上學了》這本繪本。陽陽坐在教室角落的座位四處張望，顯現出他到新環境的不安。

天空降下了雨滴，連月亮也消失了。

「他應該不是這個年級的吧？怎麼會跟我小孩同班！」

「班上怎麼會有這種學生，會拖累班上的進度吧！」

部分家長意識到了班上有一名學童年紀明顯長於其他學童，便嘰嘰喳喳地討論了起來。李老師並不急，她慢慢說著故事，漸漸地，有些家長變了臉色，李老師的目的達到了。其實，《月亮上學了》這本書不是講給小朋友聽，李老師是講給家長聽的，她想讓家長知道，我們班上有一個小朋友跟其他人不太一樣，需要比較多心力去協助，希望透過這個故事得到家長支持。

陽陽抓抓頭，持續觀望四周，他聽不懂這個故事，也聽不懂周遭的語言，隔絕一切喧囂。

單就陽陽的家庭背景，人們會以爲他是新二代學童，而新二代的學童在學校並不少，光是陽陽班上就有三名。除了陽陽以外的新二代學童熟絡地彼此打著招呼，因爲他們早就在學校附設的幼兒園見過面，但陽陽不同，他過去接受的是臺灣以外的教育、從未學習過中文，他無法融入、與人對話，甚至聽不懂窗外家長們在討論的是自己。

「做工」的男人與「噴香水」的女人

——太陽升起了，月亮卻還沒起床。

「你好，是陽陽的父親嗎？請問陽陽來學校了嗎？大概什麼時候會到？」早自習時間，李老師四處觀望，發現陽陽還沒來學校，他不是第一次遲到了。李老師熟練地按著按鍵，這組號碼她早已撥打過無數次，撥給陽陽的父親。

陽陽的父親是個工人，他的母親則在夜市做美甲，雙方的工作時間都不固定。這是陽陽父親的第二段婚姻，他與越南籍妻子年紀相差十來歲。年齡差距大是跨國婚姻的常見型態，而再婚與重組家庭也是典型的跨國婚姻形式。他們家住在離安康社區不遠的巷弄，家中的經濟來源全靠雙親一手支撐。

二〇一七年，陽陽來到臺灣，只會越南語的孩童無法與只會中文的父親溝通，自然而然便與母親較親密，而陽陽的父親沒學過注音符號，沒辦法在家中指導他學習中文，陽陽要克服異地語言的障礙，便只能仰賴學校教育以及志工協助。

雙親工作時間不固定，陽陽的家庭因此生活作息不太一樣，他的父母因工時長、工作勞力密集，早上常累得無法準時起床。在這樣的背景下，父母想著反正也是遲到、來不及送到學校了，往往乾脆幫陽陽請一整天的假。李老師見狀，便改變方式，轉爲先叫陽陽父親起床，請他帶孩子來上學，因爲對陽陽而言，中文學習刻不容緩。

教育程度不足使得陽陽父親從事較低階的工作，不穩定的經濟來源也使得陽陽父母決定只生他一個小孩，除了父親前段婚姻留下的一個已成年、未同住的哥哥以外，陽陽沒有其他年齡相近的兄弟姊妹。在父母工時長、家中沒有手足或親戚協助的狀態下，陽陽下課後便必須去安親班報到，待到家長下班來接。

父母因工作無法常常陪伴，又因九歲以前都在越南度過，陽陽的父母出於補償，教養方式比一般更爲包容、放任，而這當中還有臺越文化的差異，無可奈何地造成了一些陽陽在校的適應問題。除了前文提到的慣性遲到，陽陽還曾渾身香水味地來上學。

事情發生在某年夏天，李老師發現班上飄散了一股濃濃的香水味，引起同學們議論紛紛。剛升上一年級的學童大多懵懂不知如何打扮，李老師細細查詢，發現味道是來自陽陽。

「陽陽，你身上是什麼味道？」李老師問。
「香水。媽媽噴的。」
「陽陽還是個孩子，可以不用噴香水。」

陽陽的母親是個打扮時髦的女子，她身上也繚繞著同一種香水味。李老師嘗試與陽陽母親溝通，表示臺灣的學生不習慣香水味，但因爲審美觀的差異，兩人最後不歡而散。李老師往後只好試著轉爲與陽陽父親溝通，但成效有限，因爲他們夫妻倆年紀相差較多，做爸爸的又工作繁忙無法陪伴小孩，除了有極端愛護孩子的彌補心態，陽陽父親還對妻子的意見極爲順從。

對於李老師而言，教導陽陽過程中眞正困難的，是少了家長的協助，而對陽陽而言，在融入臺灣學校、人際交友圈過程中的障礙，除了語言與文化，家庭因素有時更難解。

一顆藥配一口糖

除了香水引發的親師協調問題，吃藥也是李老師碰到的難關之一。

嬉鬧的聲音響起，下課時間一年級教室總是相當熱鬧。

「還沒吃早餐的小朋友到老師這邊集合，要吃早餐才會對身體好，幫助成長。」這是李老師每天的例行事項——哄班上學童吃早餐。比同班同學還高的陽陽排在隊伍之中相當醒目，他一邊等候一邊觀察其他人的早餐。下堂下課，陽陽又來到導師面前，稚嫩的手中握著一袋藥，還有一包用夾鏈袋裝著的晶瑩剔透的砂糖。

「我的小孩很怕苦，他每吃一顆藥要配一口砂糖。」陽陽的母親這麼交代老師。藥包裡的藥有五、六顆，代表陽陽在吃藥的時候，同時會吃下五、六口砂糖。而餵藥配糖、哄他吃藥的工作，就落在李老師身上。早上李老師光是爲了哄陽陽吃早餐和吃藥，就各自耗掉了一堂課的時間。不只如此，她下午還要繼續哄陽陽吃午餐、下午的藥，光要滿足陽陽這位學生的需求，就消耗了李老師大量的教學時間。

「可不可以用別種方式吃藥呢？」李老師詢問陽陽的父親，因爲陽陽幾乎每節下課都要去找李老師，但在班上不喜歡吃飯、吃藥的學童可不只陽陽，但陽陽的父母卻不認爲有其他更好的方式。

「來！我們現在比賽吃藥，全部吃完才能吃一顆糖喔，沒有達到的要回到尿布班（幼兒園），看誰最厲害，但陽陽應該不行吧？」

「我可以！」

陽陽在激將法之下順利靠自己吃完了藥。李老師將整段過程錄下、傳給陽陽的父親，希望告訴家長陽陽在學校可以做到，在家裡一定也可以。

在家庭的協調問題外，陽陽在同儕團體中的行爲也引發李老師的關注。

陽陽與朋友會刻意比出中指或性手勢給老師看，抑或刻意招惹其他學童，是李老師班上受罰的常客。但礙於語言上的障礙，爲了進一步了解陽陽的行爲動機，校方只得開始向外尋求資源協助。

軌道上的小月亮

流動的志工，不夠的時間

——月亮找到了固定的軌道運行，並學會適應陰晴圓缺。

二〇一七年，因爲陽陽中文得從基礎學起，校方向外徵求志工，但在社區小學的短短兩年內陽陽換了三名志工。二〇一八年四月，來自越南的素素老師受到計畫邀請進入社區小學協助需要華語輔導的學童，她第一位協助的學童就是陽陽。越南語與中文皆通的素素老師有華語教學專長，她設計了適合陽陽的教材，包含了生活用語等日常應用，陽陽也在協助下進步快速。

「不好意思，下學期陽陽不需要上華語輔導課了。」

但三個月後，素素老師卻收到校方通知必須中斷課輔。

「我無法理解校方是用什麼標準判定陽陽不需要輔導了，而且他們沒有問過第一線的輔導老師。」身爲留學生的她對於移民兒童需要面臨的適應問題感同身受，也因此對於中斷課輔的消息相當錯愕。

該年九月，新的學期開始，校方提供的一對一課輔方案需求名單上，赫然又有陽陽的名字，但負責輔導他的志工不是已經相對熟悉的素素老師。新接任的志工叫做小瑩，有著甜美笑容的她來自馬來西亞。與華語輔導不同，學校的一對一課輔方案大多依照導師指定的作業提供輔導，但因爲志工人數不足，學童必須兩、三人爲一組進行。原本就因語言、文化問題而難以適應的陽陽，不但要重新適應新志工，同時還需要適應與他同組的學童。

隔年一月，小瑩結束四個月的輔導，陽陽又被轉給國立臺北教育大學的志工輔導。他幾乎每學期就必須換一名志工，志工的不同背景與課輔方式免不得使他學習產生斷裂，而志工的高流動率，也使得陽陽在適應環境、課業以外，還必須適應頻繁變動的人際往來。

無論是華語輔導或一對一課輔，陽陽能得到有效協助的時間都不夠。

「一開始校方只給我一個早自習的時間，一週兩次，實在是太短了。」素素老師說。社區國小的早自習只有短短四十分鐘，再加上志工還必須先把陽陽接到圖書室才能開始進行，而一年級的教室位於社區國小教學樓二樓，圖書室則位於行政大樓三樓，來回大概需耗費五分鐘，加上時常需要與班導討論、確認課輔內容，實際陽陽得到課輔的時間不到三十分鐘。

素素老師與校方協調，好不容易多了一天的午休時間，但即便如此，陽陽的一週輔導時數加總起來也不過一百二十分鐘，對於一個剛接觸中文的學童來說著實不夠。而在一對一課輔中，小瑩必須一人協助三名低年級學童完成作業，她所擁有的課輔時間更短，只有一週一次。

除了時間不夠，沒有經歷過臺灣教育體制的素素老師在教學上也受到了限制。「你的課本怎麼換了？」某一次上課時，素素老師事先準備了下一課的內容，但卻發現陽陽的課本和自己的不一樣。原來陽陽的國文課本有兩三種版本，學校老師並不會完整上完一本，而是先上A版本的某幾課，再跳回上B版本的某幾課。同樣的現象也出現在沒有受過臺灣教育的小瑩身上。「我不會注音符號怎麼辦！」小瑩在剛參與課輔時就面臨了困難，看不懂注音符號的她，無法理解低年級課本。

志工老師和陽陽雙雙碰到時間不足問題，此外教育體制與資訊落差，都讓他們陷入了困境。

發光點

——太陽高掛在空中，月亮折射著它的光芒。

陽陽的學習能力其實相當出色，這與他的一項天賦有關——背書。

「你知道那是什麼嗎？」素素老師指著太陽問陽陽，他搖了搖頭。明明前幾天才在課本上學過「太陽」一詞，陽陽不只會寫，也可以看著注音符號唸出來，但他卻無法連結文字與實際的物體。「我試著讓他透過跟讀的方式背《弟子規》，他只看注音就可以完整無誤的背下整篇，但沒辦法理解其中的意思。」素素老師在課輔沒多久後就發現了陽陽背誦的天賦，但由於他只會套用不會活用，常常在語意理解上出問題。

同樣是個陽光明媚的日子，太陽還沒下山，剛上完體育課的班上鬧哄哄的，唯獨少了陽陽的身影。李老師在校園四處尋找，才發現陽陽已經背著書包走到校門口。

「陽陽，還沒放學呢，你要去哪裡？」

「老師，你不是說要回去了嗎？」

原來，陽陽以爲「回去」跟「回家」是一樣的意思，誤會導師跟同學們說體育課上完「可以回去了」是「可以回家去了」。因爲他用背誦的方式記下單字，看到單字時能夠知道怎麼唸，看起來也像理解單字的意思，但其實卻是無法理解、分辨正確的詞語用法。像這樣的認知落差與學習問題，若沒有密切的生活往來、接觸，很難留意到。

「用手拿書產生的風叫『搧風』，外面自然吹徐的叫『微風』，髮絲會動叫『涼風』，樹會搖動叫『強風』。」李老師只好在下課時間將陽陽叫來，實際舉例給他聽，協助他比較、分析，分辨每個詞的意思，然而試過各種方法，陽陽卻還是常常放棄詞語塡空或造句的考題，對沒有自信的領域，他並不願意，也沒有信心嘗試。

類似的現象也出現在小瑩與陽陽的課輔上。

「你可以用因爲跟所以來造句嗎？」小瑩問。

「你可以問我別的嗎？我英文跟數學比較厲害。」陽陽回答。

「今天我要早點睡，所以明天有早課。」在陽陽造了個錯誤句子後，小瑩嘗試跟他解釋「因爲」跟「所以」的用法。

「今天天氣很好，我可以出去玩。這句話中間應該用因爲還是所以？」解釋完後，陽陽還是選了「因爲」。

在國文以外的其他學科，陽陽的表現相當吸睛，尤其是數學。「我考了九十分！」、「我這次考九十八分！」對於成績上的好，陽陽總是不吝惜地跟素素老師炫耀，希望獲得肯定。

從這些學科的表現，可以知道他原先在越南成績相當不錯，但來到臺灣，語言成為他成績落差的一大問題，令他十分在意。即便數學與英文成績優良，但陽陽往後勢必會碰到大多學科的題目都是以中文論述的問題，而且隨著年級上升，中文題目會越來越難理解，如果不能理解文意，他的天賦還是會受限，也還是無法百分百展現自我。

磁場

小小越南社群

——月亮繞著地球轉動，彼此相互吸引。

除了課業，陽陽也希望在團體中獲得認同。

「吱！吱！」臺上老師認眞上課的同時，臺下的陽陽不斷發出猴子叫聲，在寂靜的教室中顯得相當突兀，不過這也顯示漸漸適應臺灣環境的他，已經開始展現出原本活潑的性格。

「你在越南上課這樣可以嗎？」李老師問。

「可以啊！」陽陽似乎篤定老師無法去越南求證，這麼回答著。

「我覺得你會被其他小朋友告狀，然後你就會被扣點數。」李老師換了個方式，陽陽馬上被說服了，停止了喧鬧。在透過製造聲響享受團體注目的同時，陽陽也十分在意自身的行爲會導致同組同學被扣點。要是獲得關注卻失了認同，可是得不償失。

「我想交好多好多的朋友！」早在二〇一八年，陽陽就向素素老師表達了他對同儕的喜愛。對沒有兄弟姊妹的他而言，同儕是成長過程中重要的夥伴，他也十分在意大家的眼光，更多時候是希望成爲團體矚目的焦點。有了朋友們的陪伴，飄洋過海在異地艱難適應的陽陽，彷彿找到了能固定自己的錨。

打打鬧鬧的友誼

剛來臺時，因爲語言關係，陽陽結交到的新朋友絕大部分是與他語言互通的新二代學童。

小華便是其中之一，從小在臺灣長大的他中文能力比陽陽好得多，他也是志工小瑩負責的課輔學童。與陽陽一樣，每兩、三年小華就會跟著母親回到越南家鄉，同班的兩人時不時會聊著越南家鄉的事，他們倆看似是十分契合的朋友，但卻常常爲了小事吵架。

「他先給你了，所以我不要了！」某次課輔時，同組的第三位學童小祈將新得到的史萊姆送給了小華。顧及到陽陽的心情，小華問陽陽要不要，但對方卻十分生氣的拒絕了，接著整堂課只與小瑩互動，再也沒理過小華，於是小華也生氣了，雙方彼此嘔氣，誰也不理誰。

小華與陽陽常常鬥嘴，在口語上小華通常占上風，不過年紀較長體型較大的陽陽有身材優勢，兩人平常就這樣打打鬧鬧，但在彼此遇上困難時便會展現對友誼的重視。「噗斯……噗斯……」每次志工小瑩出題考陽陽的時候，小華都會這樣子發出聲音，暗示陽陽正確答案是哪一個。他們兩人就這樣，用著質樸、生澀的方式表達情誼。

除了小華、陽陽，國小內部會越南語的學童有著自己的小社群。在下課時間，走廊上學童三兩成群。在走廊盡頭的葉小弟屁股猝不及防的被拍了一下，轉過頭他發現是陽陽，葉小弟不甘示弱的打回去，而後他們用著越南語打著招呼。這些有著越南背景的學童彼此之間相處方式往往是又打又鬧的。他們用越南語聊著遊戲，聊著卡通，聊著日常，聊著自己的家鄉越南。

在陌生的環境之中，這些學童用著最熟悉的語言尋找認同。

月亮不一樣

——月亮永遠以發光面向著地球，另一面總是沒被看見。

二〇一九年，隨著小學二年級的課程結束，學校必須重新編班，學童對於新班級充滿期待的同時，也渴望與好友再度同班，但陽陽除外，他不用擔心能不能與好友同班，因爲在這學期結束後，他因爲父母工作的關係，要轉學了。新的學校遠離木柵，位於三重，陽陽必須離開他適應兩年的環境、離開越南兒童社群，重新在新環境中尋找認可與融入。

「我覺得導師描述的跟我遇到的好像是不同人。」這是志工在講到陽陽時，最常反映的問題。在面對志工與導師時，陽陽的表現和平時不一樣。輔導時，陽陽會急著學會課業、補充自己的不足，不會有太大的脫序行爲出現，但在較多同儕的環境中，他便會調皮起來，刻意以特殊行爲來獲得關注，在安親班的情況也是一樣。陽陽這樣的性格反差，除了凸顯他有多渴望在團體中獲得注意，也反映了他的眞實需求——尋求認同。

然而，隨著轉學，陽陽又要從頭再走一遍適應環境、尋求認同的路了。他也許會再度因爲家庭背景，被錯認爲一般新二代家庭；會因爲背書天賦被錯認爲沒有華語教學需求；會因爲父母工作還是不穩定的關係，而再度慣性遲到；會再次因爲找不到一起說越南語的夥伴，而無法找到人分享記憶。

像陽陽這樣的移民兒童不在少數，他們企圖融入，在體制內被要求融入，但實際上身上的標籤卻從未被撕下過，又時常需要重新適應環境、課業，以及新一批在他周圍流動的人，包含安親班、課輔志工、同儕。在這樣不斷的變動中，他們能夠有安心、安身，眞正融入的一天嗎？

月亮持續運轉著，沒有人能眞正看清它的另一面，但它持續轉著、跑著……

眾聲

抵達安康：在身邊的越南移民故事，企業千金、計程車司機、市場與美甲店的阿姨……

2024年4月初版 定價：新臺幣380元

著者：
高雅寧、王光輝、江婉琦、吳姿樺、周兆鴻、金其琪
洪敏真、宮相芳、徐俊文、陳亮妤、陳品鴻、彭翠瑛
曾祥宇、黃馨慧、詹佳惠、廖啟均、蔡佳璇、羅漪文

叢書主編 黃淑真
校對 馬文穎
繪圖 陳芸
內文排版 張芷瑄
封面設計 張芷瑄

出版者 聯經出版事業股份有限公司
地址 新北市汐止區大同路一段369號1樓
叢書編輯電話 (02)86925588轉5322
台北聯經書房 台北市新生南路三段94號
電話 (02)23620308
郵政劃撥帳戶第0100559-3號
郵撥電話 (02)23620308
印刷者 文聯彩色製版印刷有限公司
總經銷 聯合發行股份有限公司
發行所 新北市新店區寶橋路235巷6弄6號2樓
電話 (02)29178022

副總編輯 陳逸華
總編輯 涂豐恩
總經理 陳芝宇
社長 羅國俊
發行人 林載爵

行政院新聞局出版事業登記證局版臺業字第0130號

本書如有缺頁，破損，倒裝請寄回台北聯經書房更換。 ISBN 978-957-08-7310-8 (平裝)
聯經網址：www.linkingbooks.com.tw
電子信箱：linking@udngroup.com

國家圖書館出版品預行編目資料

抵達安康：在身邊的越南移民故事，企業千金、計程車司機、市場與美甲店的阿姨……/高雅寧等著．初版．新北市．聯經．2024年4月．
240面．14.8×21公分（眾聲）
ISBN 978-957-08-7310-8（平裝）

1.CST：新住民 2.CST：人物志 3.CST：報導文學

577.67 113002800